簡単 保健イラスト資料集

健学社

付属CD-ROMの使い方

　付属のCD-ROMには、P6〜108までの各ページのデータを収録しています。P6〜107まではword（.docx）とPDFの2種類が、P108〜109の付録イラストはword（.docx）の形式でデータが入っています。

収録データ

4月のフォルダの中身

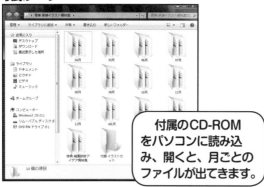

付属のCD-ROMをパソコンに読み込み、開くと、月ごとのファイルが出てきます。

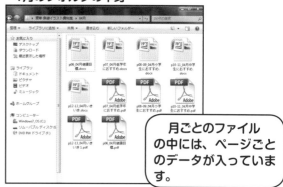

月ごとのファイルの中には、ページごとのデータが入っています。

Word（.docx）データの使い方

① 使用したいページを選ぶ

ダブルクリックして開きます。

② 紙面の使用したい箇所を選ぶ

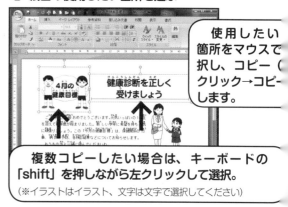

使用したい箇所をマウスで選択し、コピー（右クリック→コピー）します。

複数コピーしたい場合は、キーボードの「shift」を押しながら左クリックして選択。
（※イラストはイラスト、文字は文字で選択してください）

③ 貼り付けて自在にレイアウト

ご自身が作成した文書に貼り付けます。

④ テキストデータを自由に書き換える

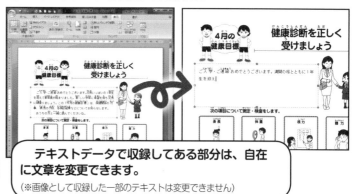

テキストデータで収録してある部分は、自在に文章を変更できます。
（※画像として収録した一部のテキストは変更できません）

Point! 画像になっている文字を修正したいとき

修正したい部分にテキストボックスを重ねる

「挿入」のところにある「テキストボックス」をクリック。修正したい文字の上に重ねます。
※文字が透けてしまう場合は「書式」→「図形の塗りつぶし」で「白」を選択する。

Point! テキストにルビをつけたいとき

テキストボックスでルビをつける

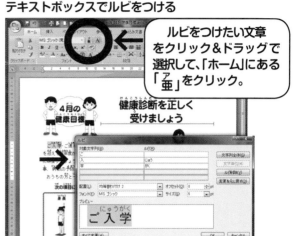

ルビをつけたい文章をクリック&ドラッグで選択して、「ホーム」にある「ア亜」をクリック。

PDFデータの使い方
　　紙面をそのままご使用になりたい場合は、PDFからの印刷が簡単で便利です。

ご使用にあたって

　本書付属CD-ROM（以下、本製品）に収録された画像・写真データは、いわゆる"フリー素材"ではありません。その著作権は株式会社 健学社と各イラストレーターが有します。本製品のデータは、学校など教育機関等での使用等を念頭に購入された先生方等の利便性を図って提供するものです。ただし、下記の禁止事項に該当する行為は禁じます。悪質な違反が見受けられた場合、弊社は法的な対抗措置をとり、使用の差し止めを要求します。

禁止事項
・収録データの販売、頒布、別の資料データに複製、加工して配布したり、インターネット等を介して第三者が容易に複製できるような形で公開することも固くお断りいたします。
・公序良俗に反する目的での使用や、名誉毀損、その他の法律に反する使用はできません。

　なお地域や公共機関等で、収録された画像資料・写真を地域集会等での保健指導の配布資料や広報紙等に使用される場合は、事前に健学社までご連絡ください。公共の福祉に利する目的であるか、また会合等の規模やコピー配布数等により個別に使用許可を判断いたします。

免責
・弊社は、本製品についていかなる保証も行いません。本製品の製造上の物理的な欠陥については、良品との交換以外の要求には応じられません。
・本製品を使用した場合に発生したいかなる障害および事故等について弊社は一切責任を負いません。

本製品の動作は以下の環境で確認しています。
・OS：Windows7以降
・Microsoft Word 2007（.docx）以降
・Adobe Reader 9

　本製品の入ったCD-ROM袋を開封いたしますと、上記の内容を了解、承諾したものと判断いたします。

CONTENTS

4月

健康診断を正しく受けましょう …………… 6
こんなときは、保健室に来てください
　保健室に来たときは… …………………… 7
健康診断が始まります
　受ける前に準備をしておこう！ ………… 8
保護者の方へ　コラム「春眠」…………… 9
あなたの健康目標を決めましょう
　みんなの味方　保健室 …………………… 10
健康診断の項目　校医さん紹介 …………… 11
保健室はこんな所です ……………………… 12
健康診断が始まります
　健康な毎日を送るために大切な3つのこと ……… 13

5月

身の回りを清潔にしよう
　アタマジラミに気をつけて ……………… 14
しっかり食べよう！朝ごはん ……………… 15
生活リズムを整えましょう ………………… 16
体を清潔に！ ………………………………… 17
まだまだ健診は続きます
　あなたの元気のもとチェック！ ………… 18
あなたの生活リズムをつくろう …………… 19
しっかり食べよう！朝ごはん ……………… 20
心がつかれていませんか？
　心の元気を取りもどすには… …………… 21

6月

歯科検診のお知らせ ………………………… 22
6月4日は「むし歯予防デー」
　どうしてむし歯になるのかな？ ………… 23
雨の日の登下校は安全に気をつけて！
　歯にいい食べ物を食べよう ……………… 24
歯肉をチェックしてみよう………………… 25
明日は歯科検診
　学校歯科医の暗号を解読せよ！ ………… 26
食品の添加物の話　たんぱく加水分解物って何？ …… 27
6月4～10日は「歯と口の健康週間」です
　むし歯予防のポイント　歯こうがたまりやすい場所 … 28
プールの授業が始まります！ ……………… 29

7月

暑さに負けない体をつくろう ……………… 30
体にやさしい生活をしよう！ ……………… 31
熱中症に気をつけて！ ……………………… 32
毎日、朝ごはん食べているかな？ ………… 33
熱中症とは …………………………………… 34
熱中症を防ぐには …………………………… 35
夏を健康で安全に過ごそう ………………… 36
熱中症に気をつけよう ……………………… 37

8月

夏休み真っただ中！　知って防ごう！熱中症 …… 38
水遊びの約束 ………………………………… 39
毎日きちんと朝ごはんを食べよう
　アウトメディアに挑戦しよう …………… 40
紫外線から皮ふを守るために
　よく寝て健康に過ごそう ………………… 41
夏ばて？それとも冷房病？　冷房対策をしっかりと … 42
夏かぜにも要注意！　夏休みは治療のチャンス … 43
どう過ごす？夏休み ………………………… 44
外遊びや体を動かす時間をもちましょう
　熱中症ってなに？
　運動するときの注意と予防 ……………… 45

9月

けがを予防しよう　救急箱の中身 ………… 46
運動会に備えてすること
　運動会本番で気をつけること …………… 47
どうしてねむくなるの？
　朝ごはんを食べて元気に1日をスタートしましょう！… 48
ねむっているとき
　成長ホルモンのはたらき
　しっかりねむって能力アップ！
　いやなことは、ねむって忘れる！ ……… 49
こころのエネルギー不足になっていませんか？
　「こころのエネルギー」って何？
　「社会生活の技術」って何？ …………… 50
9月9日は「救急の日」です
　救急車を呼ぶ緊急通報シミュレーション119番 … 51
あなたの夏ばて度チェック ………………… 52
夏ばてをなおす方法 ………………………… 53

10月

目を大切にしよう　自分の目の健康を守ろう ……… 54
友だちの心を傷つけない …………………… 55
目の休けいをしていますか？ ……………… 56

大切な目を守るしくみ　視力低下のサイン ……… 57
現代人の目は疲れやすい？ ……………………… 58
目のまわりには、目を守るためにいろいろなしくみがある！
　"あっかんべ"をして目の健康をチェックしよう …… 59
目にやさしい生活をしよう！ …………………… 60
大切な目をいたわろう！
　目の病気　目のけが …………………………… 61

11月

かぜを予防しよう ………………………………… 62
姿勢をよくするポイント ………………………… 63
みなさん、うんちが出ていますか？
　うんちって何だろう？　よいうんちって… …… 64
もしうんちが出なくなったら…
　よいうんちが出るために ……………………… 65
ご用心！気づきにくい貧血 ……………………… 66
かぜの季節です
　筋肉のはたらきは… …………………………… 67
寒さに負けない体をつくろう
　インフルエンザの予防 ………………………… 68
11月8日は「いい歯の日」です
　「いい歯」でよくかもう！ ……………………… 69

12月

寒さから身を守ろう　3つの「首」をあたためよう … 70
ふわふわことばとちくちくことば ……………… 71
かぜをひいたときの体のようす ………………… 72
手洗いを上手にしよう
　うがいを上手にしよう　換気を上手にしよう … 73
冬を健康に過ごそう！　冬の生活クイズ ……… 74
自分の良さに気づきましょう
　ノロウイルスに注意！ ………………………… 75
12月1日は世界エイズデー ……………………… 76
インフルエンザに気をつけよう！ ……………… 77

1月

かぜに気をつけよう　かぜをひいてしまったら … 78
「かぜ」ってなに？　かぜの予防法 ……………… 79
今年の目標かるた ………………………………… 80
かぜのクイズQアンドA　かぜ予防の3つのヒケツ … 81
かぜやインフルエンザを予防しよう …………… 82
正月気分を吹き飛ばそう！
　こたつで寝るとかぜをひくってホント？ …… 83
「朝ごはんを食べる」で生活リズムをつくる！
　おせち料理の意味は？ ………………………… 84
かぜ、インフルエンザに気をつけよう！ ……… 85

2月

かぜ予防の基本・手洗いとうがい ……………… 86
2月3日は節分 …………………………………… 87
不健康なオニは～外！
　大切なすいみんのはたらき …………………… 88
ねる前のストレッチでくつろぐ
　おもしろい眠り方をする動物たち …………… 89
寒さやストレスが原因で、おなかの不調が起きるメカニズム
　ノロウイルス感染症 …………………………… 90
友だちだから…　友だち同士のマナーを考えよう … 91
言われてうれしい「ふわふわことば」 …………… 92
食生活を見直そう！ ……………………………… 93

3月

1年間の健康チェック …………………………… 94
1年間のはんせいをしよう ……………………… 95
応急手当わかるかな？ …………………………… 96
ダメ！いじめ！～いじめをなくすために～ …… 97
1年間の健康生活を反省しよう ………………… 98
音の伝わり方は"伝言ゲーム"
　耳の役割は…"音を聞く""平衡感覚コントロール"… 99
体調に気をつけてね　体のサイン ……………… 100
3月3日は「耳の日」です
　花粉症の対策は… ……………………………… 101

健康診断アイデア資料集

内科検診 …………………………………………… 102
運動器検診 ………………………………………… 103
歯科検診 …………………………………………… 104
視力検査 …………………………………………… 105
尿検査 ……………………………………………… 106
X線検査　心電図検査　聴力検査 ……………… 107

付録

イラストカット集 ………………………………… 108

健康診断を正しく受けましょう

　ご入学・ご進級おめでとうございます。元気いっぱいの1年生を迎えて新年度が始まりました。新しい学年に希望を持ち元気に頑張りましょう。この「今月の健康目標」は、保健関係の行事、病気の予防、各検診結果などについてお知らせします。
　おうちの方と一緒に読んでくださいね。

次の項目について測定・検査をします。

＊身体測定のときは、髪の毛の長い人は頭の横で結んでください。

＊視力検査のとき、めがねを持っている人は必ず持ってきてください。

＊聴力検査の前には、耳そうじを必ずしておいてください。

◆4月の私の目標◆

◆1ヵ月をふりかえって◆

◆おうちの人からひと言◆

年　名前

小学校低学年におすすめ

4月

入学・進級おめでとうございます

いよいよ新学期が始まりました。
4月は健康診断があります。自分の体について知る大事な機会です。
健康に気をつけて元気にがんばりましょうね。

こんなときは、保健室に来てください

学校でけがをしたり、体調が悪くなった。

体や心について知りたい。

悩みごとや話したいことがある。

保健室に来たときは…

自分の「どこが」「いつから」「どんな具合なのか」話してください。

転んだときは、傷口を水で洗ってきましょう。

具合の悪い人もいるので静かにしましょう。

 保健室に入るときは「失礼します」、出るときは「ありがとうございました」

小学校におすすめ

ご入学・ご進級おめでとうございます。いよいよ新しい学年がスタートします。早く新しい生活になれてくださいね。夜は早くねて、朝は早起きして、しっかり朝ごはんを食べて、1時間目の授業から元気よくがんばりましょう！

健康診断が始まります
受ける前に準備をしておこう！

受ける前

おふろに入ったら体とかみの毛をしっかり洗いましょう。

聴力検査、耳鼻科検診、歯科検診があります。耳のそうじと歯みがきをしておきましょう。

検査を受ける前には必ずトイレをすませておきましょう。

受けるとき

名前を呼ばれたら「ハイ」と返事をしましょう。

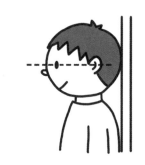

身長を測るときは、あごを引いて目と耳が真っすぐになるようにしましょう。

受けた後

必ずおうちの人に結果を見てもらいましょう。

4月

保護者の方へ

新学期がスタートいたしました。お子さまが健康で元気いっぱいに学校生活を送れるよう、ご家庭でも引き続き、保健指導をよろしくお願いします。

「うがい」「手洗い」をお子さまに定着させてください。

登校前、お子さまの健康観察をお願いします。（顔色、体温、食欲など）

テレビやゲームをする子どもが増えています。屋外で遊ぶこと、早く寝ることを習慣づけてください。

春眠（しゅんみん）

眠い、だるい。暖かくなると何となく心身がゆるんでくる。春の海ではないが、のたりのたりしてくる。

そのようなうららかな半面、入学・新学年と気疲れやストレスも多くなります。春先の心と体の健康管理について、お家のほうでもよろしくお願いします。

1 睡眠

春は新陳代謝も高まり、疲れやすくなります。そのうえ疲れがとれにくくなるので、体調を整え目覚めをすっきりさせるためには就寝時刻を1時間でも30分でも早くすることを心がけてください。

低学年は9時、高学年は10時に床に就くようにしましょう。また、人間の頭は起きてから体を動かし、1時間半から2時間たたないとフル回転しないといわれています。

2 気候

春風はほこりをまき散らし、目やのどを痛めます。結膜炎や扁桃肥大になりやすい時期です。外から帰ったら、手洗い・うがいをしっかりしましょう。

中学校におすすめ

入学、進級おめでとう!

草木の新芽が出て、色とりどりの花が次々に咲く春。さわやかな季節の訪れに、気持ちも晴れやかになります。

さあ、新学期を元気いっぱいにスタートしましょう! 新しい教室、新しい仲間、新しい先生、新しい環境などで疲れもたまるものです。睡眠を十分とり、気持ちも体もゆっくりする時間をつくりましょう。

あなたの健康目標を決めましょう

たとえば、
「健康な生活をできるようになる」
…など

健康に過ごすための努力は大切です。今年1年間健康に過ごすために積極的に実践する目標を決めてください。生活・運動・食事に関することなど実行できることを決め、デイリーライフの健康目標の欄に書き込んでおきましょう。

みんなの味方 保健室

どんなことでも困ったことがあったら保健室を思い出してね。けがはもちろん、心や体の悩み相談もオーケーです。いっしょに解決方法を考えましょう。

身長を測ったり視力の検査もできます。がんばる皆さんを応援する保健室です。

ただし、みんなの保健室ですからルールを守りましょう!
- 入るときはノックして「失礼します」とあいさつを。
- 先生がいないときは入らない。
- 身長測定や視力検査は休養者がいるときはできません。
- 備品や薬品は勝手に使えません。
- 授業中の利用は先生の指示に従うこと。
- 遊び場にしない。

約束しましょう!

4月

4月の保健目標
- 健康診断を正しく受ける
- 自分の発育や健康状態を確認する

健康診断がはじまります。

- 平熱は何度ですか？
- 顔色はどんな感じ？
- くちびるの色は？
- 爪の形や色は？
- 食欲は？

1年間でどれぐらい身長が伸びたでしょうか。

4〜6月は、発育や健康状態を確認する健康診断が続きます。検診時の注意を守って正しく検診を受けてください。

さて、あなたの健康なときの体はどんな様子ですか？ 健康なときの様子を知っておくことは、病気の予防や体調管理にとても役立ちます。右の項目をチェックし、よく覚えておきましょう。自分の体は自分が一番わかっていないとね。

健康診断の項目

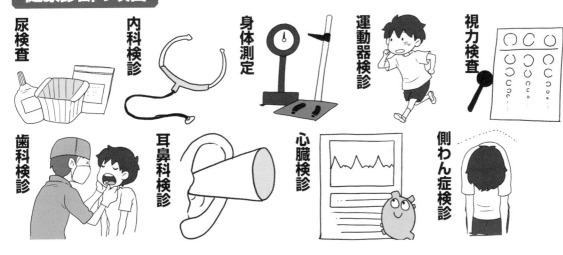

尿検査／内科検診／身体測定／運動器検診／視力検査／歯科検診／耳鼻科検診／心臓検診／側わん症検診

校医さん紹介

| 内科 _____ 先生 | 耳鼻科 _____ 先生 | 眼科 _____ 先生 |

| 歯科 _____ 先生 | 学校薬剤師 _____ 先生 |

入学・進級おめでとう！

いよいよ新しい生活が始まります。
「友だちできるかな」「どんな先生だろう」と、きんちょうしている人も多いことでしょう。
ちょっとドキドキするけれど、新しい仲間に思いきって「おはよう！」と声をかけてみましょう。
それが新しい友だちへの第一歩です。

保健室はこんな所です

私は、養護教諭の　　　　　　　　　です。

ふだんは、「保健室」という部屋にいます。みなさんが、元気に楽しく学校生活を送れるように、お手伝いします。

★けがの手当てをします。

★体のぐあいがわるいとき、熱を測ったり、ベッドで休めます。

＊先生に教えてね＊

★心配なことがあるとき、どうすればよいか、いっしょに考えましょう。

4月

健康診断が始まります

内科検診について

健康診断では、身体測定や歯科検診、視力検査などで体の成長具合やどこかに病気や異常がないかを調べます。とくに内科検診では体に病気があるときのサインはわずかなことが多いので体の専門家である内科の先生に調べてもらいます。

聴診器を使って → 心ぞうの音や呼吸をするときの音をチェック

心ぞう病や心雑音などの病気がないか、呼吸器の病気・肺の感染症などがないか調べます。

まぶたを裏返して → まぶたの裏側の色をチェック

貧血などではないか調べます。
※まぶたの裏側が白いときはその可能性があります。

背中にふれたり見たりして → 背骨やろっ骨の形や大きさをチェック

背骨が曲がる病気（脊柱側わん症）などがないか調べます。

皮ふをつまんだり見たりして → 皮ふの色や脂肪の厚さをチェック

アトピー性皮ふ炎などの病気にかかっていないか、また栄養不良や肥満傾向でないか調べます。

健康な毎日を送るために大切な **3**つのこと

＊栄養
好ききらいなく、なんでもバランスよく食べましょう。

＊運動
毎日、少しでもいいですから、体を動かしましょう。

＊休養
早ね早起きを心がけ、「すいみん」はたっぷりとりましょう。

5月の健康目標
身の回りを清潔にしよう

楽しかったゴールデンウイークも終わり、本格的に授業が進みます。また、今月末に行われる運動会の練習も頑張らなくてはなりません。うかうかしている時間はありませんね。しっかり睡眠と栄養をとって、心も体も万全の準備をしてくださいね！

アタマジラミに気をつけて

- ふけと間違いやすいですが0.5mmくらいの白い色の球形～だ円形の卵があったらアタマジラミがいます。
- 後頭部や側頭部に多く、かみの毛に付着しているので、簡単には取れません。

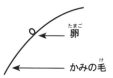

アタマジラミを見つけたら

- ふとんやまくらなどをよく日干ししましょう。シーツ、まくらカバー、ぼうしは熱湯で洗いましょう。

- 清潔にし、タオルやくしの共用はやめましょう。

- 医師の診断を受けましょう。
- 事情によっては薬局に相談してみましょう。

◆5月の私の目標◆

◆1ヵ月をふりかえって◆

◆おうちの人からひと言◆

年　名前

小学校低学年におすすめ

5月

　新しい学年・クラスになって、1カ月がたちました。もうなれましたか？ お友だちとは仲よくしていますか？ なやみごとはありませんか？ 気がゆるんでいませんか？

　そんなときは「規則正しい生活」を心がけてみましょう。早ね早起きをする、食事をしっかりとる、軽い運動をするなど、正しいリズムをつくることで私たちの心と体は元気になります。もう1度、自分の生活を見直してみましょう。

しっかり食べよう！朝ごはん

　みなさんは、朝ごはんをしっかり食べていますか？ 朝ごはんは、健康で元気に生活するために、とても大事なものです。しっかり食べましょう。

朝ごはんを食べると…

・体温が上がって体が目をさます

・腸がしげきをうけてうんちが出やすくなる

・脳にエネルギーがたまってはたらきがよくなる

【小学校におすすめ】

緑がまぶしい、さわやかな季節になりました。
　でも中には、なんだかおつかれ気味といった人も目にします。新しいクラスや友だちにもなれてホッとしたとたん、今までのつかれが出てきたのかもしれません。ゆったりとお風呂に入ったり、睡眠を十分とったりして、心と体をリラックスさせてください。

生活リズムを整えましょう

①早ね早起きを心がけましょう

十分な睡眠は、体のつかれをとり、成長をうながし、病気を治す力を強くすることにつながります。

5月のほけんもくひょう

身の回りを清潔にしよう

②朝ごはんをきちんと食べましょう

朝食を食べることで、体が目覚め、その日の体のリズムが始まります。よくかんで、しっかり食べましょう。

③朝、家でうんちをしてきましょう

朝ごはんを食べると腸のはたらきが活発になり、うんちが出やすくなります。十分なトイレタイムをとれるよう、朝の時間を家族みんなで見直しましょう。

**保護者の方へ
　健康診断の結果について**

　4月から健康診断を実施し、結果については随時お知らせをしています。病気・異常が見つかった際には「健康診断のお知らせ」をお渡ししますので、できるだけ早めに受診し、経過・結果をお知らせくださいますよう、お願いいたします。

　なお、受診しても異常なしとなることがありますが、これは学校での健康診断が"スクリーニング"（病気・異常の疑いがあるものを選び出す）であるためです。

　ご理解・ご協力を重ねてお願い申し上げます。

5月

体を清潔に！

病気の予防は、まず体を清潔にしておくことからです。また、周りの人へのエチケットでもあります。

これからだんだん汗をかくことが多くなりますので、さわやかに過ごしたいですね。

ハンカチ・ティッシュ

いつも忘れないようにしましょう。ハンカチは毎日取りかえましょう。

手洗い

かぜだけでなく、手についたばい菌が原因で起こる病気はたくさんあります。

おふろ

シャワーだけでなく、お湯につかるとよごれが落ちやすくなり、体のつかれもとれます。

下着

Tシャツよりも「肌着」として売っているものの方が汗の吸い取りがよく、着心地もさわやかです。

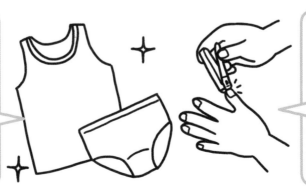

つめ

曜日を決めて、1週間に1度は切るようにしましょう。足のつめもお忘れなく。

中学校におすすめ

まだまだ検診は続きます

自分の発育や健康状態を確認する各種検診は、これからも続きます。検診後は受けっぱなしにしないで、検査や治療のお知らせの指示に従ってください。早期発見、早期治療は健康管理の基本です！

みなさん「元気ですか」

新学期がスタートして約1カ月、緊張がほぐれたとは思いますが、そろそろ疲れが出ていませんか。

また、気温の変化に体がついていけず、体調を崩したりしていませんか。運動会の練習も始まります。しっかり自分の元気を維持しましょう！

あなたの元気のもとチェック！

睡眠はじゅうぶん足りていますか？

疲れをとり、エネルギーを蓄える大事な時間です。

エネルギーはじゅうぶんですか？

朝ごはんは午前中の大事なエネルギー。
朝食抜きは運動会の練習についていけないよ。

気力はじゅうぶんですか？

諦めたり投げやりになったりしていませんか。
新学期の決意を思い出して！気力は健康からです。

生活リズムをつくろう

生活リズムとは

地球上の生き物は、地球の自転に合わせた24時間周期で生活しています。明るい昼は活動、暗い夜は休養、そして3度の食事というように人間の体は一定のリズムを保って生きています。この体のリズムを大事にしながら自分のやることを組み立ててつくる生活日課をくり返すことを生活リズムといいます。

早寝・早起きを心がけよう

あなたの生活リズムをつくろう

❶起床時刻を決める
↓　たとえば（7：00）

朝食、トイレ、着替え、登校に余裕をもって設定する。もう実行しているね。

❷朝食を必ず食べる
↓　（7：15）

いま、朝食抜きの人は改めてください。体をつくる材料となり、また学習のエネルギーとなる大事な食事ですから。

❸学校生活　給食
↓　（12：35）

人それぞれやることは違いますが、自分の時間・ルールを決め、実行しましょう。

❹放課後　帰宅後
部活　習い事　塾
家の手伝い　遊び　など

食事は、朝食、昼食、夕食の3回規則正しく。規則正しい食事は睡眠の時間も一定になりやすい。消化吸収にとてもよいリズムです。

❺夕食を食べる
↓　（7：30）

❻就寝時刻を決める
（11：00）

成長ホルモンは睡眠中にたくさん分泌されます。「寝る子は育つ」です！12時前に寝ること。明日の元気のための睡眠を大切に。

ポイントは　早寝・早起き・朝ごはん
パワフルな体とクールな頭脳は朝食で作られる

ほけんだより いきいき 5月

　5月に入り、昼間と朝夕の気温の差が大きい季節の変わり目、新学期の疲れも出る頃です。かぜをひいたり熱が出たりして欠席した人もいます。体調をくずしやすい時期ですから、「規則正しい生活」を心がけましょう。

　そのためには、「朝ごはんをしっかり食べる」ことがポイントです。

しっかり食べよう！朝ごはん

朝ごはんは、健康で元気に生活するために、とても大事なものです。しっかり食べましょう！
朝ごはんを食べると…

体温が上がって
体が目を覚ます。

腸がしげきを受けて
うんちが出やすくなる。

脳にエネルギーがたまって
はたらきがよくなる。

朝ごはんで食べるとよいものは……

＊**たんぱく質** 体温をアップさせます。　　＊**糖質** 大切なエネルギー源です。

たまご　　牛乳　　とうふ　　　　ごはん　　パン　　シリアル

魚　　肉　　チーズ

朝ごはんを食べないと、集中力がなくなって
イライラしたり、太りやすくなってしまうよ。
そんなのいやだよね。毎日しっかり食べようね。

5月

心がつかれていませんか？

新学校、新学級になって1カ月が過ぎました。あなたは心がつかれていませんか？
この時期の心のつかれは「5月病」といわれています。心のつかれのサインは体や心、言葉や行動に現れるようになります。チェックしてみましょう。

体に現れるサイン	心に現れるサイン	言葉や行動に現れるサイン
□ だるい、すぐつかれる □ なかなか眠れない □ 食欲がない □ 朝、起きられない	□ いつもイライラしている □ やる気が出ない □ 物事に集中できない □ ためいきがよく出る	□ まちがうことが多い □ 身だしなみを気にしなくなった □ あまり話したくない

あてはまるものが一つでもあれば、心がつかれて元気をなくしているのかもしれません。

心の元気を取りもどすには…

いつもよりオーバーに笑ってみよう
楽しい気分になれるよ。

「楽しい」と思うことをやってみよう
体を動かしたり、音楽をきいたり、自分が「楽しい」と思うことをやってみよう。

だれかに相談してみよう
自分の気持ちをだれかに聞いてもらうと、気持ちが軽くなるよ。

おふろに入ってゆったりしよう
体もぽかぽか温まり、ぐっすりねむれるよ。

ゆっくりねむろう
いやなことが忘れられるよ。

深呼吸をしてみよう
大きく息を吸ってゆっくりはくと、リラックスできるよ。

6月の健康目標

歯科検診のお知らせ

下記のように、歯の検診を行います。おうちのほうでお子さんにご指導をお願いいたします。

歯科検診は次のようなことを調べます。

① むし歯がないか？
② むし歯があった場合は、きちんと治療されているか？
③ 歯ぐきの病気になっていないか？
④ 乳歯と永久歯との生えかわりが、うまく行われているか？
⑤ 正しい歯みがきができているか？

☆ふだんから朝の歯みがきを念入りにし、歯や口の中をきれいにして登校してください。

歯科検診を受けるマナー

- 受ける前：ブクブクうがいをして口の中をきれいにしておく。静かに並んで順番を待つ。
- 受ける時：記録する衛生士さんに名前を言う。顔は上向きに、口は大きく開ける。歯医者さんに「お願いします」「ありがとうございました」とあいさつをする。

歯や骨を強くするために小魚やするめ、海そうをたくさん食べよう！

◆6月の私の目標◆

_____

◆1ヵ月をふりかえって◆

_____

◆おうちの人からひと言◆

年　名前

小学校低学年におすすめ

6月

☀ 6月4日は「むし歯予防デー」

小学生は、乳歯（子どもの歯）から永久歯（大人の歯）に生えかわるときです。歯みがきをしっかりして、歯を大切にしましょう。

どうしてむし歯になるのかな？

むし歯は、ミュータンス菌という菌がつくる病気です。ごはんやおやつを食べた後、食べ物の小さなかすが歯と歯のあいだや奥歯に残ります。その食べかすにミュータンス菌がはたらいて"酸"をつくり、かたい歯をとかし、穴をあけます。1度できたむし歯は、ほうっておけばどんどん進みます。

むし歯になると…

①歯がしみたり痛くなる。食べ物を十分かむことができず、食べた物が栄養になりにくい。

②食べ物を十分にかめないために、胃や腸が悪くなる。

③むし歯がひどくなると抜いて、入れ歯を入れることになる。

どんな人がむし歯になりやすいの？

食生活のリズムが乱れがちの人（いつでも、どこでも、おやつを食べたりする）

食後に歯をみがかない人

ねる前の歯みがきをていねいにやらない人

むし歯にならないために、あまいものをひかえ、みがき残しがないように歯をみがきましょう。

小学校におすすめ

雨の日の登下校は 安全に気をつけて！

手荷物を少なくしよう

かさをさすと、片手がふさがってしまいます。反対の手で荷物を持っていると、転んだときに手がふさがっていて、とても危険です。

→ 手があくように工夫しましょう。

しっかりと前を見よう

かさを深くさしていると、前が見えなくて車や電柱にぶつかってしまうかもしれません。

→ かさをさすときはしっかりと前を見ましょう。

折りたたんだかさの持ち方に注意

かさをにぎって、うでをふって歩いていると、後ろを歩いている人に当たってしまいます。

→ 周りの人に当たらないように持ちましょう。

歯にいい食べ物を食べよう

食物せんいは歯の表面のよごれをきれいにしてくれます。

かみごたえのあるもの: ごぼう　するめ　こんにゃく

食物せんいが多いもの: りんご　セロリ　レタス

カルシウムが多いもの: 小魚　牛乳　海藻

6月

歯肉をチェックしてみよう

あなたの歯肉はどっち？

□ きれいなピンク色	色	赤色、むらさき色 □
□ ひきしまっている	さわった感じ	ブヨブヨしている □
□ とがった形	形	はれて丸くなっている □
□ 出ていない	血	出ている、歯をみがくと出る □

右側に当てはまる数の多かった人は歯肉炎になっているかもしれません。
軽い歯肉炎はしっかりと歯みがきをすればよくなることもありますが、
ひどいときは歯医者さんへ行きましょう。

よくかんで食べるといいこといっぱい！

消化・吸収を助ける

じょうぶな歯とあごを作る

食べすぎを防ぐ

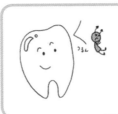
むし歯を防ぐ

集中力が高まる

食べ物がおいしく感じられる

中学校におすすめ

明日は歯科検診
この検診で、何がわかるんだろう？

歯と歯ぐきの健康は一生の宝物！

「むし歯や歯周病が見つかったら、歯医者さんへ行かなければならないからイヤだなあ」なんて思っている人はいませんか？

歯科検診で学校歯科医の先生は、下のようなことをみてくださっています。

歯に歯垢（しこう）がついていないか

むし歯はないか

歯ぐきがはれていないか

あごの関節に異常がないか

歯並びやかみ合わせに異常がないか

…などをみています

学校歯科医の暗号を解読せよ!!

＊下の暗号を組み合わせて、それぞれの歯の状態を表します。

1〜8の数字→永久歯のこと
A・B・C・D・E→乳歯のこと

C　→カリエスのことでむし歯
○　→治療してある歯
×　→抜いたほうがいい乳歯
△　→抜けてしまった永久歯
CO→むし歯になりかけの歯、いま大事にすればむし歯は防げる歯
G　→歯肉炎の歯
GO→歯肉炎になりかけの歯

最後に言われる0・1・2の数字は
「歯並び・かみ合わせ・あごの関節」
「歯垢が付いていないか」
「歯ぐきの様子」をみた結果です。
「0・0・0」が異常なしです。

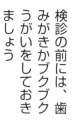

検診の前には、歯みがきかブクブクうがいをしておきましょう

もし、歯医者さんに行くことになったら、行くのが早いほど痛くないし、かかる日数や費用も少なくてすみます。歯の悪いところや、磨き残しがないかなどをきちんと調べてもらえる歯科検診は、健康な歯や歯ぐきを守るためにとても参考になるのです。

歯科検診の結果は、後日全員にプリントでお知らせします。詳しい検査や治療が必要と書かれてある人は、かかりつけの歯科医にみてもらってくださいね。

食品添加物の話

「塩」「化学調味料」「たんぱく加水分解物」の3つは加工食品の「うま味」を作る「黄金トリオ」。うま味のベースはみんな同じです（右図）。ここに、風味付けのエキスや香料を加えるだけで、ラーメン、だしの素、スナック菓子をはじめ変幻自在にどのような味も作り出せるそうです。

＊化学調味料：「調味料（アミノ酸等）」と表示されているため、アミノ酸という言葉から逆に「何か体にいいもの」というイメージさえもってしまいがちです。

＊たんぱく加水分解物って何？

肉や大豆などのたんぱく質を分解して作られるアミノ酸のこと。アミノ酸はうま味の素で、日本人が最も好む味です。たんぱく質を分解するのには酵素を使う方法と、塩酸を使う方法があります。

①＋②＋③　黄金トリオ

| ①食塩（精製塩） | 風味をつけるエキス類 | ②化学調味料（グルタミン酸ナトリウム　5'-リボヌクレオシドナトリウム） |
| | | ③たんぱく加水分解物（動物たんぱく加水分解物）（植物たんぱく加水分解物） |

※増量剤としてブドウ糖、乳糖、砂糖
※①②③の比率は食品によって変わる

たとえば、みそやしょうゆは、「こうじ」でゆっくりたんぱく質をアミノ酸に分解していくのに対し、たんぱく質を塩酸で一気に分解してできたものが「たんぱく加水分解物」です。

このとき塩酸を使うことによって「塩素化合物」ができてしまう恐れがあります。「塩素化合物」は発がん性が疑われている物質で、食品メーカーでは厳しくチェックしているそうです。

また「味覚の破壊」も問題です。「たんぱく加水分解物」は非常に濃厚で強い味です。その濃い味を子どもたちが「おいしい」と覚えてしまうと、天然のだしや本物の素材の味、淡白な味を「おいしい」と思えなくなり、味覚がまひしてしまい、添加物たっぷりの加工食品しかおいしいと感じなくなるのです。

気をつけて食品の表示を見ていると、どの食品にも「黄金トリオ」が入っています。避けられない現実ですが、少しでも安全で天然のものを口にするようにしましょう。

ほけんだより いきいき 6月

6月4〜10日は『歯と口の健康週間』です

歯を失う原因のほとんどが、むし歯と歯周病（歯が抜け落ちる）です。
この2つの病気は毎日の心がけで防ぐことができます。

むし歯予防のポイント

1 よくかんで食べる

唾液が出て口の中をきれいにする。

2 間食は時間と量を決める

おやつの後も歯みがきをするとよい。

3 食後の歯みがき

とくにねる前はしっかり、ていねいにみがく。

4 定期的に受診する

歯医者さんに歯こうを取ってもらうのは歯周病予防にもなる。

歯こうがたまりやすい場所
（歯こう：食べカスで増える細菌のかたまり。）

正しいブラッシングで歯こうを取ろう！

歯と歯肉の境目
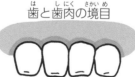

奥歯の溝

歯と歯の間
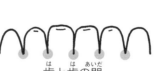

歯こうは、むし歯や歯周病の原因になります。

6月

プールの授業が始まります！

暑い日にプールに入ると、とても気持ちいいですね。でもプールでのきまりを守らないと、大きな事故やけがにつながります。きまりを守り楽しく泳いでください。

●プールサイドでは、次のことを守りましょう！

プールサイドは大変すべりやすいです。絶対に走ってはいけません。

先生の話をよく聞いて、けがのないようにしましょう。

途中で気分が悪くなったら先生にすぐに言いましょう。

●プール前にしておくこと

睡眠をしっかりとる

睡眠不足でプールに入ると、頭が痛くなったり、気分が悪くなったりします。

朝ごはんを食べてくる

水泳はとても体力を使う運動です。朝ごはんと水分を忘れずにとりましょう。

つめ切り、耳掃除をしておく

手足のつめの長い人は、泳いでいる人を傷つけます。短く切りましょう。

●泳いだ後にすること

シャワーで体をよく洗いましょう。

目と頭をよく洗いましょう。

髪の毛や体についた水をしっかりふきましょう。

7月の健康目標 暑さに負けない体をつくろう

あっという間に月日は流れ、もう夏休みです。運動会が5月末にあったり、プール水泳が始まったりで、割と慌ただしいですが、そろそろ1学期のまとめの時期です。暑い日が続きますが気持ちを引き締めて頑張りましょう！

最近、困っています…

① 朝から調子が悪いのに登校し、結局はおうちの方に連絡をしてお迎えに来ていただくケースがあります。朝、起床時に検温して、平熱よりも高い場合は、極力おうちで一日様子を見ていただけたらと思います。

② 学校とは明らかに因果関係がないけがでの来室があります。学校の管理下でのけがでないと、想像での処置になり逆効果になる場合があります。「保健室」は「学校管理下での傷害の一時的な処置の場」であることをご理解ください。

夏かぜ・プール熱に注意

夏に流行するかぜの一種です。発熱、咽頭痛、結膜炎などの症状があります。プールでよく感染するため「プール熱」ともいわれています。プールの後はよく目を洗い、うがいをして予防しましょう。タオルの共用はやめましょう。

◆7月の私の目標◆

◆1ヵ月をふりかえって◆

◆おうちの人からひと言◆

年　名前

小学校低学年におすすめ

7月

　本格的な夏がやってきました。この暑さで体調をくずしている子どもが増えています。汗で出た分の水分を補給することと、いつもタオルなどで汗をふきとり、体を清潔にしておくことが大切です。
　間もなく夏休みを迎えます。夏休みの間に気力、体力ともたっぷり充電しておきましょう。

☀ 体にやさしい生活をしよう！ ☀

　体にやさしい生活とは、「むし暑さなどで体の調子が悪くならないように、自分でどんなことができるかな？」って考えながら生活することです。

ハンカチ
汗をかいたら必ずふこう。汗をそのままにしておくと、体が冷えます。

シャワー・おふろ

ほこりや砂が汗といっしょにつきやすいので、スッキリ洗い流しましょう。

ぼうし
ひさしやつばが大きいと、顔のほうがかげになって、目にもやさしいよ。

睡眠

気温の差が大きいときは、体の疲れをとるために睡眠時間をたっぷりとりましょう。

水分

汗をいっぱいかいているからね。ときどき水分で体をうるおそう。

栄養

1日3回、食事をしっかりとらないと、ガソリンの入っていない車と同じで動けません。

小学校におすすめ

体の調子をくずしていませんか？

　天気のいい日は、とても暑いですね。休み時間の後、汗をいっぱいかいても、そのままにしている人をよく見かけます。ハンカチやタオルで汗をふきましょう。
　プール学習が6月から始まり、体もつかれやすいです。夜は早めにねて、体を十分休ませましょう！

熱中症に気をつけて！

どんなとき、どんな人が、熱中症になりやすいんだったっけ？

・気温が高い日
・風が弱い日
・湿度が高い日
・急に暑くなった日

・肥満の人
・体調の悪い人
・暑さに慣れていない人
・病気がある人

熱中症を防ぐためには、水分補給が大切なんだよね。

そのほかにも、ぼうしをかぶるなどして、暑さをさけること、汗がかわきやすい服を着ること、日頃から暑さに慣れておくこと、自分の体調を知ることが大切なんだよ。

熱中症かもしれないと疑う症状にはいろいろなものがあるよね。

軽：めまい、立ちくらみ、筋肉痛、汗がとまらない
中：頭痛、吐き気、体がだるい、ぼんやりして力が入らない
重：意識がない、けいれん、体温が高い、呼びかけに対して返事がおかしい、などがあるんだ。

7月

毎日、朝ごはん食べているかな？

"近頃なんとなく頭がボーっとする""力が出ない"という人で、朝ごはんをしっかり食べてきていない子はいませんか？朝ごはんはとても大事ですよ。

☀ 朝ごはんを食べると、いいこといっぱい！

- 体温が上がって体が目をさます。

- 腸が刺激さんれてうんちが出やすくなる。

- 脳にエネルギーが補給されて働くようになる。

　体全体が使うエネルギーの約20％は脳が使っています。脳は24時間エネルギーを使って働き続けています。もし1回でも食事を抜くと、脳は活発に働けません。食事と脳の働きは密接な関係にあるんですね。

おうちの方へ

　最近では、朝時間がなく、朝食をとらずに学校に来る子が多いです。朝食を抜くと元気が出ず、集中できず、脳も活発に働きません。そのため、勉強や体育の授業にも影響してきます。しっかり食べさせるようにしてください。朝食で食べると効果的なのは、たんぱく質（体温をアップさせる）、炭水化物（エネルギー源）です。
　子どもたちを元気に送り出してあげてください。

中学校におすすめ

熱中症　合言葉は「知って防ごう！ 熱中症」

熱中症とは

暑いときに長時間運動したり、気温や湿度が高い場所にずっといたりすると、体の中の水分が不足して汗が出なくなったり、体温がうまく調節できなくなります。そのため、体にいろんな症状が出てきます。重症になると命にも関わる怖い病気です。

しかし、日頃の生活や運動時の心がけで簡単に防げる病気でもあります。予防法を実践して「知って防ごう！ 熱中症」

	熱射病（ねっしゃびょう）	熱疲労（ねつひろう）	熱失神（ねつしっしん）	熱けいれん（ねつけいれん）
こんなときに起こります	暑さに長時間さらされたとき、暑い中で運動をしているとき →体温調節機能が働かなくなる	水分補給をしないで運動を続けているとき →水分や塩分、電解質が不足	高い気温の中で運動していて、やめた直後 →一時的に脳への血流が低下	たくさん汗をかいたのに、水分だけ補給したとき →血液中の塩分濃度が低下
そのとき体は…	 ●反応が鈍い ●意識がない ●言動がおかしい ●ショック症状 ●過呼吸 **重症：生命が危険！**	 ●力が入らない ●めまい ●吐き気、おう吐 ●頭痛 **手当てをしないと、重症に**	 ●一時的な失神 ●脈拍が早く、弱い ●呼吸数が増加 ●顔色が悪い ●めまい	 ●足や腕、おなかの筋肉に、痛みを伴うけいれん

覚えておこう応急手当

救急車を！！ 意識・呼吸を確認

体を冷やして、体温を下げる
▶水をかけて、あおぐ。
▶首、わきの下、足の付け根に氷やアイスパックを当てる。

▶涼しい場所に衣服をゆるめて寝かせ、水分を補給する。
▶足を高くして、手足を心臓に向けてマッサージする。

▶生理食塩水（0.9％の食塩水）を補給する。

症状がおさまっても、その日は運動をやめ、病院に受診しましょう

7月

熱中症を防ぐには

高温・多湿・無風の日はとくに注意！

夏のスポーツ
水分をじょうずにとろう

●運動中はこまめに水分補給

軽い運動から始める
30分に1回は休憩をとる

●少しずつ、何回かに分けて飲む

1回に飲む量は1口〜200mlくらい

●スポーツドリンクやお茶、ミネラルウオーターを

2〜3倍にうすめたスポーツドリンクがおすすめです

夏ばてに負けるな！

　普段からご飯をいっぱい食べる人は夏ばての症状が出ていないんじゃないでしょうか？　じつは夏ばては食欲モリモリさんには勝てないのです。

　夏ばてに勝つには、

●朝食をしっかり食べよう！

一日の始めに胃腸を動かしておきましょう。朝ならまだ暑さも和らぎ、食欲もあるのではないでしょうか。

●水分をしっかりとろう！

冷たいジュースなどは胃腸の働きを弱めてしまいます。お茶か水を飲みましょう。暑くていやかもしれませんが、熱いお茶を少しずつ飲むのも効果的です。

●ぐっすり寝よう！

お風呂にしっかりつかり体を温めると次第に眠くなってきます。お風呂から出たらすぐに寝ましょう。

クーラーの温度は28度ですよ！

ほけんだより いきいき 7月

　むし暑い毎日で、お休みもいつもより多く、頭痛やだるさを訴える人が増えています。おふろにゆっくり入り、早めにねて睡眠を十分にとり、疲れやストレスをためずに元気に過ごしましょう。また毎日汗ふきタオルを持ちましょう。

夏を健康で安全に過ごそう

1

早ね早起きをして、朝ごはんを必ず食べ、規則正しい生活をしよう。

2

冷たいもののとりすぎや食べすぎにも注意し、食べたら歯をみがこう。

3

食事の前や外から帰った後は、せっけんで手を洗い、うがいをしよう。

4

テレビやゲーム、おやつは時間を決めて。目や歯を大切にしよう。

5

外へ出るときは、ぼうしをかぶり、水分を時々とり、熱中症に気をつけよう。

6

むし歯など病気のある人は、夏休み中に必ず受診して2学期に備えよう。

7月

熱中症に気をつけよう

熱中症とは…

高温で湿度の高い場所なら屋内・屋外どこでも起こる可能性のある急性障害です。

汗をかくことで体内の水分・塩分が失われて脱水症状になり、上昇した体温の調節ができなくなり、めまいや意識障害などを起こします。

とくに風の影響を受けない屋内で練習するバスケットやバレーボールなどは短時間で汗をかき、体温が上昇するので体育館内の温度や湿度を常にチェックし、水分補給と同時に館内の風通しをよくし、熱中症を予防しましょう。

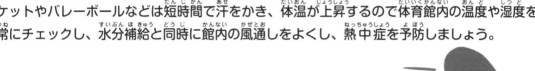

見逃さないで！ 熱中症のサイン

・めまいや頭痛、はき気がする
・顔色が悪くなる
・けいれんする
・呼吸が荒くなる

熱中症を予防するために…

運動するときは涼しい時間帯を選び、こまめに休けいをとる

十分に水分補給をする（運動前・運動中・運動後）
汗で失われた塩分を補給する（スポーツドリンクなどで）

屋外ではぼうしをかぶって直射日光をさける

体調が悪いときは無理に運動をしない

8月の健康目標

夏休み真ったた中！

　日差しがさらに強くまぶしくなり、本格的な夏を迎えています。夏休みは、エネルギーを充電する貴重な時期でもあります。英気を養って新学期には、元気な笑顔を見せてくださいね。

知って防ごう！熱中症

　熱中症は暑い環境の中で、長時間運動や活動をしたときに体の中の水分が不足して、汗が出なくなったり、体温調節がうまくできなくなったときに起こります。

◆症状◆
・高熱
・のどがかわく
・頭痛
・吐き気
・体がフワフワする

◆予防法◆
・暑い場所での長時間の活動を避ける
・規則正しい生活をする
・水分を十分にとる

子どもの場合、体重の約70％が水分です。体の水分が足りず、汗が出なくなると体の体温調節がうまくできなくなり、脱水症状を起こします。

◆熱中症になったらどうしたらいいの？◆

・涼しい所へ運び、衣服をゆるめる
・頭、首、手足を冷やす
・意識があり吐き気がなければ冷たい飲み物を飲ませる
　（水または薄い食塩水）
・40℃以上の熱があるときは救急車を呼ぶ

◆8月の私の目標◆

◆1ヵ月をふりかえって◆

◆おうちの人からひと言◆

年　　名前

小学校低学年
におすすめ

8月

日差しが強くなり、暑くなってきましたね。いよいよ夏本番です。

これからプールや海などで元気に遊ぶ機会が増えますが、水遊びには危険もあります。けがをしたり、悲しい事故にあったりしないように注意を守って、楽しく遊びましょう。たくさん泳げるようになるといいですね!

☀ 水遊びの約束 ☀

❶ 川や海に子どもだけでは行かない

❷ 水に入る前には準備運動をしよう

❸ 泳いではいけない場所では泳がない

❹ 熱中症に注意!こまめに水分をとろう

❺ ときどき休けいしながら遊ぼう

❻ 水遊びをした日は、早めにねて体のつかれをとろう

小学校におすすめ

毎日きちんと朝ごはんを食べよう

朝ごはんをきちんと食べると、いいことがいっぱいあります。

体が目覚める
体中にエネルギーを送って、体をシャキッと目覚めさせよう。

脳のはたらきがよくなる
脳に栄養を送って、考えたり集中したりする力をアップさせよう。

おなかのはたらきがよくなる
おなかに食べ物を入れて、おなかのはたらきを活発にしよう。

肥満を防ぐ
朝ごはんを食べずにおなかを空かしたまま、お昼ごはんを食べると、食べすぎて肥満につながることがあります。

アウトメディアに挑戦しよう

アウトメディアとは、テレビ・ゲーム・パソコン・携帯電話などの電子メディアにばかり夢中にならずに、電子メディアとの生活を上手にコントロールする取組のことです。

テレビ・ゲーム・パソコン・携帯電話を使う時間やルールを決めよう！

電子メディア以外の楽しみを探そう！

家族と話す　読書をする　など

紫外線から皮ふを守るために

太陽から地球に届く光の中には、紫外線という目に見えない光線がふくまれています。夏はとくに紫外線が強く、紫外線をたくさん浴び過ぎると、皮ふが傷ついてしまうことがあります。

☀ 外へ出かけるときに気をつけること

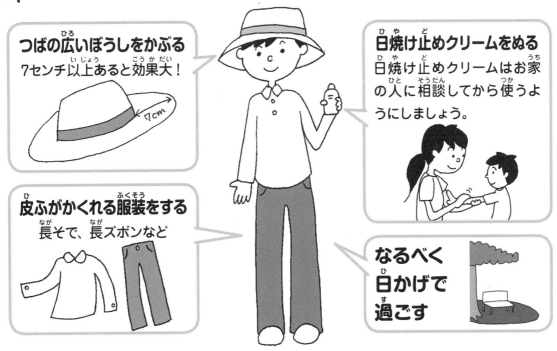

- **つばの広いぼうしをかぶる**
  7センチ以上あると効果大！
- **日焼け止めクリームをぬる**
  日焼け止めクリームはお家の人に相談してから使うようにしましょう。
- **皮ふがかくれる服装をする**
  長そで、長ズボンなど
- **なるべく日かげで過ごす**

よく寝て健康に過ごそう

すてきな睡眠3カ条

1. 夜ふかししないで毎日決まった時刻に寝ること
2. いつもと同じ時刻に起きること
3. 朝起きたら朝の光を浴びること

中学校におすすめ

毎日真夏日が続き、とても暑いですがどう過ごしていますか？1・2年生は部活動も本格化してきますが熱中症には気をつけて、体調が悪いときは運動は中止しましょう。
　3年生は、これから受験に向かいますね。夏休みをうまく利用して自分の学力を伸ばしてください。

夏ばて？それとも冷房病？

最近、どうも食欲がない・やる気が出ないなどの症状から、夏ばてかな？と思っている人がいるのではないでしょうか。
　「冷房病」は夏ばてと似た症状ですが、夏ばてとは原因が違います。

- **夏ばて**：体温調節で汗がうまく蒸発せず、のぼせたような状態になること。
- **冷房病**：上手に汗をかけず体温調節がうまくいかないこと。

冷房対策をしっかりと

❶ エアコンの設定温度は、外気温との差が5～7℃以上にならないようにする。クールビズの推進で28℃に設定する

❷ エアコンが苦手で冷えが心配な人は、上着などを用意しておく

体温調節機能がポイント！

人間にはもともと、暑いときには汗をかいて体温を下げ、寒いときには毛穴を閉じ体温を保つといったような体温調節機能が備わっています。しかし現在では、一年中冷暖房によって室温の管理された部屋などで過ごす機会が増えたため、体温調節機能が鈍っているといわれています。

8月

夏かぜにも要注意！

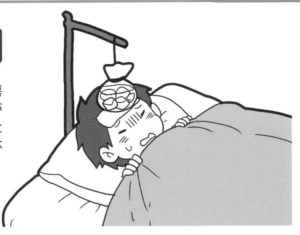

　夏かぜは体が冷えたときにひきます。冷房で部屋を冷やしすぎたり外気温と室温の差が著しいところを出入りしていると体が冷えたり、急激な温度変化に体がついていけず、体が冷えたままの状態になってしまいます。
　冷房の使い方を見直してみましょう。

生活のリズム崩れていませんか？

　夏休みになり朝早く起きる必要がなくなり、夜型生活をしている人、多くありませんか。新学期が始まってから生活を戻すのはとても大変です。いつもどおり決まった時間に行動するように心がけましょう。

夏休みは治療のチャンス

　健康診断で見つかった異常はこの機会にしっかりと治しましょう。また異常が見つからなかった人も心配なことがあればすぐに検査し、治療を済ませておきましょう。

健康で楽しい夏休みを過ごしてください

ほけんだより いきいき 8月

いよいよ待ちに待った夏休みです。せっかくの夏休み、ボーっと過ごすだけではもったいない！「毎日絵日記をつける」「お手伝いをする」など何か目標をもって元気に過ごしましょう。

どう過ごす？夏休み

早ね早起きで、生活リズムを大切にしましょう

夜ふかしはしない。睡眠を十分とる。

ラジオ体操に進んで参加する。

朝ごはんをきちんと食べる。早起きして体を動かすと、朝食がおいしい。

健康診断で治りょうの指示を受けた人は、夏休みを利用して治りょうをすませましょう。

8月

外遊びや体を動かす時間をもちましょう

必ずぼうしをかぶり、こまめに水分補給をする。時々休んだり、日かげに入ったりして、熱中症を予防する。

水泳は、とてもよい運動になるので、水泳指導にもどしどし参加しよう。

テレビやゲームは時間を決めて、見過ぎたり、やり過ぎたりしない。

朝や夕方の涼しい時間に、外で運動したり歩いたりする。

●熱中症ってなに？

- 高温、多湿、風が弱い、日差しが強いなどの環境。
- 激しい運動や労働によって体内に生じる熱。

これらの状況に体が十分に対応できないときに熱中症が引き起こされる。

熱中症のサイン

- だるい・フラフラする・顔がほてる・はき気・気分が悪い・大量の汗　など

[注] けいれんや運動障害、高体温が見られたときは救急車を‼

熱中症になってしまったら

- 涼しい所で足を高くしてねかせ、衣服をゆるめて安静にする。
- 冷たいタオルなどで体を冷やす。
- 水分補給をする。0.1～0.2％の食塩水かスポーツドリンクがおすすめ。

＊運動するときの注意と予防＊

★できるだけ涼しい時間帯にする（屋外では、ぼうしをかぶる）
★体育館では風通しをよくする
★40～50分に1回10～15分ほどの休けいを！
★のどのかわきをがまんしないで水分をこまめにとる

[注] 汗をたくさんかいたら、塩分補給も忘れずに。

9月の健康目標

けがを予防しよう

夏休みはゆっくり過ごせましたか？ 今年の夏はかなり暑かったので、夏ばてをしている人もいるんじゃないでしょうか？毎日の生活習慣が崩れている人もいるでしょう。
一日も早く元の体に戻すために、早ね・早起きを実行して少しずつ学校に合わせた生活に戻しましょう。

救急箱の中身

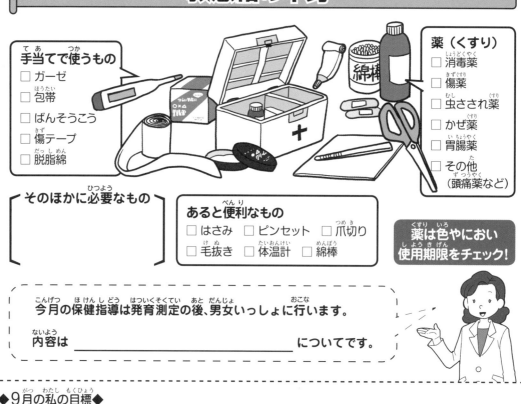

手当てで使うもの
- □ ガーゼ
- □ 包帯
- □ ばんそうこう
- □ 傷テープ
- □ 脱脂綿

薬（くすり）
- □ 消毒薬
- □ 傷薬
- □ 虫さされ薬
- □ かぜ薬
- □ 胃腸薬
- □ その他（頭痛薬など）

そのほかに必要なもの

あると便利なもの
- □ はさみ
- □ ピンセット
- □ 爪切り
- □ 毛抜き
- □ 体温計
- □ 綿棒

薬は色やにおい 使用期限をチェック！

今月の保健指導は発育測定の後、男女いっしょに行います。
内容は ＿＿＿＿＿＿＿＿＿＿ についてです。

◆9月の私の目標◆

◆1ヵ月をふりかえって◆

◆おうちの人からひと言◆

年　名前

小学校低学年におすすめ

9月

☀ 運動会に備えてすること ☀

いよいよ運動会が近づいてきました。いっしょうけんめい練習していた成果をたくさんの人に見てもらうためにも、体の調子を整えることが大切ですね。前の日だけ早ね早おきをしても体の調子は整えられません。今日から次のことに気をつけて、運動会本番をむかえましょう。

早ね早おきをする

昼間にパワーが出せるように、早くねてパワーをためよう。

朝ごはんを食べる

おきたときはおなかも頭もエネルギー切れ。体にエネルギーをあげよう。

運動会本番で気をつけること

足に合ったくつのひもをきちんとむすんではこう。

手足のつめは切っておこう。

じゅんび運動をしっかりしよう。

汗ふきタオル・水とうは忘れずに。

具合の悪いときは無理せず休もう。

小学校におすすめ

どうしてねむくなるの？

体に備わっている2つのはたらきのためです！

つかれたとき
つかれた脳と体を休ませ、健康な状態に保とうとするはたらきがあり、ねむくなります。

夜ねるとき
脳に備わっている体内時計は、日中は活動し、夜は休むようセットされているため、ねむくなります。

●ね不足になると…

★頭がぼんやりして、集中できない

★イライラする

★太りやすくなる

※食欲を高めるホルモンがたくさん出て、おなかがすいて、夜中につい食べてしまい太ってしまう原因になります。

★朝、食欲がない

朝ごはんを食べて元気に1日をスタートしましょう！

元気のおまじない
「早ね
　早起き
　朝ごはん」

9月

●ねむっているとき… レムすいみんとノンレムすいみんをくり返しています。

★レムすいみん（浅いねむり）…体だけ休んでいる

★ノンレムすいみん（深いねむり）…脳も体も休んでいる

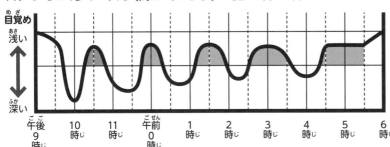

＊ねむりに入ってすぐのノンレムすいみん（深いねむり）のときに、一番、成長ホルモンが出ます。

●成長ホルモンのはたらき… 脳でつくられ、血液にのって全身へ。

●しっかりねむって能力アップ！

ねている間に脳はその日の情報を整理し、記憶として固定する作業をします。

●いやなことは、ねむって忘れる！

いらない情報やいやなことを消し去り忘れやすくするはたらきがあります。よくねると、気分もスッキリします。

中学校におすすめ

2学期が始まりました。元気いっぱい、スタートダッシュ…といきたいところですが、「気持ちが悪い」「おなかが痛い…」という声も聞かれます。暑さのピークも過ぎ、一日の気温差が変動する今頃は、夏の疲れが出やすく体調を崩しやすい時期です。

こころのエネルギー不足になっていませんか?

「こころのエネルギー」って何?

❶ **安心感**（身の回りに不安がない。くつろげる気持ち）

❷ **楽しい体験**（感動したという体験）

❸ **認められる体験**（家族・先生・友人から）

「こころのエネルギー」だけではなく、「社会生活の技術」も大切!

「社会生活の技術」って何?

❶ **自分の気持ちを伝える技術**（思ったこと、感じたことを言葉と態度で表現する）

❷ **自分をコントロールする技術**（待つ・耐える・コツコツやる）

❸ **状況を正しく判断する技術**（今はどうふるまうのか）

❹ **問題を解決する技術**

❺ **人とうまくやっていく技術**（人と親しく関わる）

❻ **人を思いやる技術**（人の気持ちを理解し思いやる）

長い夏休みのいろんな体験・感動を
「こころのエネルギー」と「社会生活の技術」に生かして、有意義な2学期にしよう!

9月

9月9日は「救急の日」です

救急の意味…救急というと救急車や救急箱が思い浮かびます。「救急とは、救うことを急ぐ」と書きます。急いで救う、急なけがや病気になった人を救うことを『救急』といいます。

救急車を呼ぶ 緊急通報シミュレーション119番

友だちと歩いていたら交通事故を目撃！ 血を流して倒れている人が…こんなとき、慌てずに対応ができますか？
119番に電話をかけ、落ち着いて状況を伝え、指示を受けます。

❶「火事ですか？救急ですか？」と聞かれるので、「救急です」と答える。

❷「何市、何町、何丁目、…？」
「○○市○○町、▲▲の交差点の近くです」と場所を伝える。（詳しい住所がわからない場合は、目印や目標になるものを伝える）

❸「どうしましたか？」
「交通事故です」状態を伝える。（意識・呼吸・出血の状態を詳しく「頭から出血しています」「はさまれています」など、具体的に伝える）

❹「電話番号を教えてください」
電話をしている人の氏名と電話番号を伝える。

治療・受診を忘れずに！

1学期の健康診断の結果「治療が必要」「一度、主治医にご相談を」のお知らせ用紙をもらった生徒のみなさんは、治療や受診は終わりましたか。部活や勉強で忙しいという声が聞こえて来そうですが、自分自身の健康の問題ですよ。

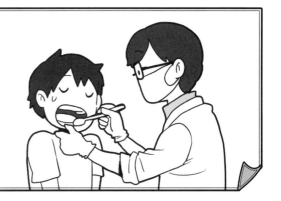

ほけんだより いきいき 9月

2学期スタート！

長い夏休みも終わり、いよいよ2学期の始まりです。夏休みに遊びすぎて、9月の初めからだらけている人はいませんか？早く夏ばてをなおして、新学期は気合を入れてがんばりましょう。

あなたの夏ばて度チェック

あてはまるものに○をつけよう。

- 朝、眠くてなかなか起きられない。
- 食欲がなくて、朝食が食べたくない。
- 頭がぼんやりして、やる気が出ない。
- 何をするにも、めんどうだ。
- 体がだるく、すぐ座りたがる。
- 夜になると、元気になる。
- 体育など少し動くと気分が悪くなる。
- 冷房をつけないと眠れない。
- 清涼飲料水を1日に2本以上飲んでいる。

診断
- ○が6～9個→要注意！夏ばて気味。これ以上ひどくならないようにしよう。
- ○が1～5個→油断大敵。ね不足に注意しよう。

9月

夏ばてをなおす方法

◎ 夜中の0時前にはねる

夏休みは深夜にねていた人も、日付けが変わる午前0時前にはねるようにしよう。
（※午前0時前にねると背がよく伸びるらしい。）

◎ お風呂はぬるめで15分以上入る

疲れがとれて、よく眠れるようになります。
（※ぬるめのお風呂にゆっくり入るとダイエット効果があるらしい。）

◎ 体をほぐそう

肩を回したり、簡単な体操をしてみよう。（※とくに運動部を引退した3年生や文化部の1、2年生に効果があるらしい。）

ゆっくりと息をしながら痛くならないくらいに伸ばそう。

  足の後ろや腰を伸ばす

 太ももの後ろや腰を伸ばす

 首の後ろと腰を伸ばす

 アキレスけんを伸ばす

ふくらはぎを伸ばす

◎ 体の調子をよくする食べ物

フルーツ	豚肉	酸味のあるもの

筋肉の疲れがとれる	体力が回復する	胃腸の働きがよくなる

10月の健康目標

目を大切にしよう

10月10日は、「目の愛護デー」です。「読書の秋」でもあり、本を読む機会が多くなります。目を大切にするために、4つの中から「めあて」を決めて、実行しましょう。

自分の目の健康を守ろう

ノートや本を目から30cmはなす

勉強するときは、①いすに深くこしかける。②せすじを真っすぐ伸ばす。③目は机から30cmはなす。

ねころんでテレビを見ない

目に悪いどころか、せぼねも曲がってしまい、よくありません。

テレビ・ゲームは2時間以内にする

テレビを見る時間、ゲームをする時間は、合わせて2時間以内にしましょう。
ゲームのしすぎは、一番目によくありません。

距離や明るさに気をつける

テレビを見たり、ゲームをしたりするときには、画面から2m以上はなれて見ましょう。
また、部屋を明るくしましょう。

◆10月の私の目標◆

◆1ヵ月をふりかえって◆

◆おうちの人からひと言◆

年　名前

小学校低学年におすすめ

10月

悪口について どう思いますか?

☀ 友だちの心を傷つけない ☀

だれだって悪口を言われるのはいやですよね。それなのに、友だちの悪口を言って楽しんでいる人はいませんか？「そんなに悪いことを言ったとは思わなかった」「軽い気持ちで言った」ことで取り返しのつかないほど友だちを傷つけてしまうことがあります。

みなさんは、ほんの小さなことでも傷つく年ごろなのです。友だちのいやがることを言ったり、やったりしないように心がけましょう。

自分がやられたらどう思う?!
まずはそこから考えてみよう。

"ことば"ひとつで友だちを傷つけることも助けることもできる。

傷つけたほうはすぐ忘れても、傷つけられたほうは一生忘れない。

悪口を言うことで仲よくなった人とは本当の友だちではないと思う。

衣替えの季節です！
気温に合わせて上手にコーディネート

そろそろ冬服に衣替えの季節ですね。着なれた夏服を納戸にしまって、ひさしぶりに冬服を見ると「早いなぁ～。今年も、もうすぐ本格的に寒くなってくるんだなぁ」という気分になります。とはいえ、日中はまだ暖かく、体育の後は上着を着ると暑く感じるかもしれません。汗をかいたらタオルでふいたり、上着をぬいだり自分で温度調節をしましょう。

> 小学校におすすめ

目の休けいをしていますか？

●目の中はこのようになっています

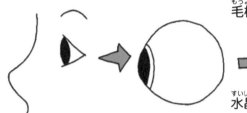
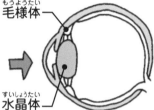

毛様体が水晶体の厚さを調節して、遠くの物や近くの物がはっきり見えるようにしています。

遠くの物を見るとき
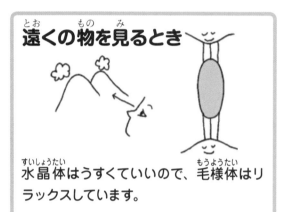
水晶体はうすくていいので、毛様体はリラックスしています。

近くの物を見るとき
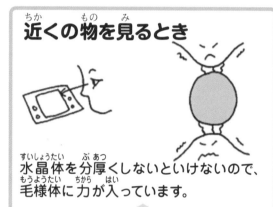
水晶体を分厚くしないといけないので、毛様体に力が入っています。

この時間が長くなると、毛様体が疲れてしまいます。疲れがたまると、目が悪くなってしまうことがあります。だから目の休けいが必要なのです。

目を元気にするには

ゲームは長い時間しない

「目が疲れた」と感じたら、遠くの景色をながめる

ぐっすりねる

10月

大切な目を守るしくみ

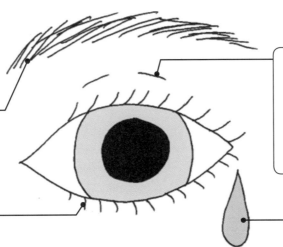

まゆげ
額から流れてきたあせをキャッチして、あせが目に入るのを防ぎます。

まぶた
目に何かが当たろうとするときや、入ろうとするときに、パチッと閉じて目を守ります。

まつげ
目にほこりが入るのを防ぎます。

なみだ
目をうるおして、目にほこりやごみなどがつくのを防ぎます。また、目にほこりなどが入ったら、洗い流します。

視力低下のサイン

テレビやゲームの画面に近づいて見てしまう。

目を細めたり、みけんにしわをよせたりして見る。

頭をかたむけたり、横にしたりして見る。

片目で見ようとする。

みなさんは、こんなふうになっていませんか？　自分では気付きにくいので、お家の人といっしょにチェックしてみましょう。

中学校におすすめ

10月10日は目の愛護デー　目をいたわっていますか？

現代人の目は疲れやすい？

人はかつて日の出とともに起き、日が沈んだら眠るという生活リズムで暮らしていました。しかし、現代は生活が便利になり、目を使う時間がすごく増えています。人間本来の生活リズムからかけ離れた生活は、目に多くの負担をかけることになったのです。

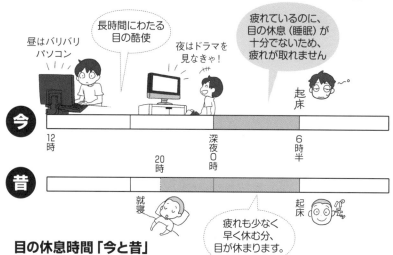

目の休息時間「今と昔」

ゲームやパソコンをするときは適当な休息をとり、読書や勉強をするときは姿勢や部屋の明るさに気をつけましょう。

目の酷使

夜間も昼間と変わらない活動ができるため、目を酷使する時間が長くなり、負担が増える。また、1日分の疲れがたまった目には照明の明かりでさえ負担になることも。

夜型生活　**夜の照明**

「目は心の窓、体の窓」「目の疲れは全身の疲れを表すバロメーター」といわれるくらい、「目が疲れた」と感じたときは体も不調なことが多いようです。無理をせず早めに休養を！

目の健康によい食べ物

ブルーベリーに含まれているアントシアニン、いわしやさんまに含まれているDHAは視力向上に効果があるそうです。日頃から進んで食べましょう。

10月

目のまわりには、目を守るためにいろいろなしくみがある!

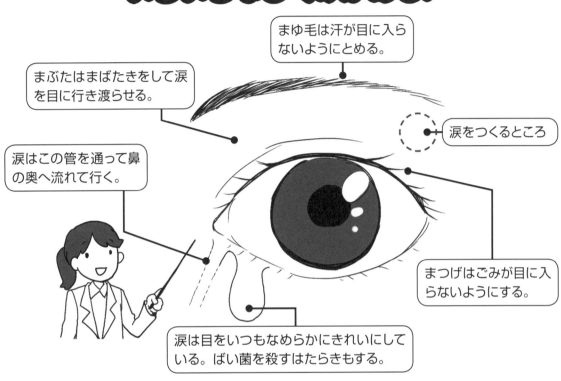

"あっかんべ"をして目の健康をチェックしよう

ほけんだより **いきいき** 10月

10月10日は「目の愛護デー」

10月10日は目の愛護デーです。「10 10」を横にする(`ᴏ ᴏ`)と、眉と目に見えるからこの日が「目の愛護デー」になったそうです。

目にやさしい生活をしよう！

前髪は目にかからないようにする

パソコンやゲームを長時間続けない

ノートや本から目を30cmは離す

暗いところで本を読んだりしない

テレビを寝転がって見ない

目が疲れたら遠くを見たり目の体操などをする

目によいビタミンAをとろう！

① 緑黄色野菜など、ビタミンAを多く含む食品を食べる

② ビタミンAは、油と一緒にとると、よく吸収される

③ 魚介類は目にとてもよい食べ物

10月

大切な目をいたわろう！

読書や学習のとき

- 背すじをのばした正しい姿勢。
- 本から30センチ以上目を離す。
- 暗い所や明るすぎる所では本を読まない。
- 1時間本を読んだら10分ぐらい休けいする。
- 直射日光が机や本に当たらないようにする。

テレビゲーム・パソコンのとき

- テレビゲームは時間を決め、長時間続けない。
- 暗い所や明るすぎる所ではしない。
- 画面に近づきすぎない。
- まばたきが少なくならないようにする。

目の病気

◎アレルギー性結膜炎

アレルギー反応で起こる結膜炎で、季節性と通年性がある。

症状	目のかゆみ、涙が出る、目やに、白目の充血、まぶたのはれなど。感染することはない。
原因	季節性のアレルゲンは、スギ、ブタクサの花粉など。通年性のアレルゲンは、ダニ、ハウスダスト、ペットの毛など。
対応	抗アレルギー剤や副腎皮質ホルモン剤の点眼薬を使用。アレルゲンを避けることが大切。

◎咽頭結膜熱（プール熱）

咽頭炎と結膜炎が合併する感染症で、プール熱ともいわれる。

症状	寒けがし、39〜40度の高熱が出る。のどのはれと痛み、リンパ節のはれ、目の充血、全身がだるくなる。
原因	アデノウイルスの感染によって起こる。潜伏期間は5〜6日。
対応	解熱剤、抗生物質の点眼薬を使用。脱水症状が起きないように十分な水分補給を。

目のけが

顔面や目を打撲でけがをすることがとても多いので気をつけましょう。目には両眼視という働きがあり両方の目で見て物の立体感や距離をつかむことができます。

11月の健康目標

かぜを予防しよう

だんだん寒くなってきました。気温は1月や2月のほうが低いのに、今の時期のほうが寒く感じられるのは、体が寒さにまだ慣れていないからです。かぜをひいている人も増えてきます。体調の変化にはいつも以上に注意してください。

ウイルスが体に入ってくるのを防ごう

かぜやインフルエンザのウイルスが体に入ってくる道すじは、「飛沫感染」と「接触感染」です。

飛沫感染（ひまつかんせん）
くしゃみやせきをしたときに出るしぶきには、ウイルスが混じっていて、それを吸い込んで感染します。

接触感染（せっしょくかんせん）
ウイルスのついた物などにさわった手で、口や鼻などにさわることで、ウイルスが体に入ります。

ウイルスが体に入ってくるのを防ぐには、「手洗い」「うがい」が基本です。

手洗い
手は、せっけんをつけて
①手のひら→②手の甲→③指先、つめの間→④親指→⑤手首
の順にていねいに洗って、最後は水できれいに洗い流し、清潔なタオルやハンカチでふきましょう。

うがい
うがいをするタイミングは
①外から帰ってきたとき
②人混みの中に入ったあと
③空気が乾燥しているとき
④食後　などです。
上を向いて、のどの奥までしっかりうがいをして、口やのどについたウイルスを洗い流したり、ウイルスの力を弱めましょう。

◆11月の私の目標◆

◆1ヵ月をふりかえって◆

◆おうちの人からひと言◆

年　名前

小学校低学年におすすめ

11月

寒くなってくると、どうしても肩に力が入って、背中が丸くなってしまいます。正しい姿勢は心身の健康な発達にとても大切です。街行く人たちの姿勢を観察してみましょう。背すじをピンと伸ばして歩いている人は、とてもカッコよく見えますね。みなさんも自分の姿勢を見直してみましょう。

姿勢をよくするポイント

①肩の力をぬく。
（両肩を持ち上げてストンと落とす）

②おへそに力を集中する。

③あごを引き、胸を張る。

④頭の上から糸でつられている意識をする。

姿勢が悪いと…

・内臓が圧迫されて、内臓が病気になる。
・背骨が曲がる。
・視力が低下する。
・心が晴れ晴れしない。

冬の寒さに負けず、元気に気持ちよく過ごそう！

小学校におすすめ

みなさん、うんちが出ていますか？

ほけんしつに、「おなかがいたい」と来た人に、「いつうんちが出たの？」と聞くと、「いつ出たかわからない」と答える人が何人もいました。トイレに行ってうんちが出ると、すっきりして一日を元気に過ごすことができます。

うんちって何だろう？

食べ物 －栄養分 ＝うんち （食べ物から栄養分を取ったものがうんちです）

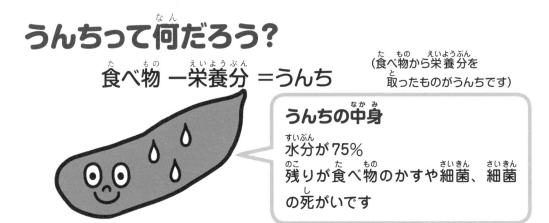

うんちの中身
水分が75％
残りが食べ物のかすや細菌、細菌の死がいです

もし、みんなが食べたり飲んだりしなくなったら、うんちは出なくなります。

よいうんちって…

（量）	1日1〜2回
（形）	バナナの形
（色）	茶色っぽい色
（におい）	そんなにくさくない
（重さ）	ゆっくり水にしずむ
（出方）	おしりをふいても、紙にほとんどつかない

毎朝トイレに行ってね

11月

もしうんちが出なくなったら…

しっかり食べて、しっかり運動していればうんちは出ます。でも、うんちをがまんしているとだんだん出にくくなって、うんちがたまってしまいます(便秘といいます)。うんちが腸に長い時間あるとだんだんくさってきて、体によくないものを出し始めます。

おなかがいたい

ぶつぶつができる

おなかがはって
おならが出る

☆がまんしないで、したくなったらトイレに行きましょう！

よいうんちが出るために

しっかり体を動かして、いろいろな食べ物をよくかんで食べましょう。とくに、朝ごはんを食べると腸が動き出して、前の日に食べたもののカスでできたうんちを、肛門まで送り出してくれます。毎朝、食べた後にトイレに行くと、うんちも出やすくなります。

よいうんちが出る食べ物

ヨーグルト

さつまいも

ピーナッツ　りんご

朝起きてすぐ、コップ1ぱいの水か牛乳を飲むと、うんちが出やすいともいわれています。

> 中学校におすすめ

ご用心！気づきにくい貧血

貧血とは…

血液中のヘモグロビンや赤血球が減少した状態です。
　ヘモグロビンは、鉄とたんぱく質からできた赤い色素で赤血球に含まれ、酸素と結び付きやすい性質をもっています。そのため赤血球は全身に酸素を運ぶことができます。

貧血の主な症状

- 顔色が悪い　・疲労感　・めまい
- むくみ　・肩こり　・頭痛　・どうき
- 息切れ　・　微熱

貧血、とくに「鉄欠乏性貧血」に注意！

鉄が不足する理由

● 摂取不足──→ダイエット、偏食など

● 体外に出る量の増加──→月経、子宮腫など

● 需要の増加──→成長期、妊娠など

鉄分を含むバランスのとれた料理

赤身の肉、魚 レーバなど	大豆、ほうれんそう、ひじき	野菜、果物
ヘム鉄を多く含む	非ヘム鉄を多く含む	ビタミンCを含む

かぜの季節です

かぜ・インフルエンザウイルスは乾燥した「のど」を狙っている！

かぜ・インフルエンザのウイルスは乾燥した所で増えていきます。

朝、目が覚めたとき「かぜをひいてしまった。」と感じることがないように、のどを乾燥から守りましょう。

睡眠中は要注意！

水やぬれタオルで室内の乾燥を防ぐ。

トイレなどで起きたら水分をとる。

マスクを使用する。

筋肉のはたらきは…

(1) 人の腕の骨格と筋肉　どうやって動かしているのか？

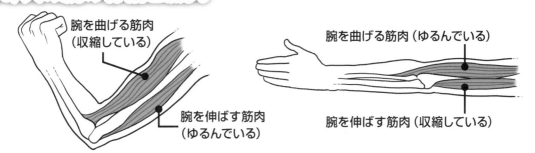

腕を曲げる筋肉（収縮している）
腕を伸ばす筋肉（ゆるんでいる）
腕を曲げる筋肉（ゆるんでいる）
腕を伸ばす筋肉（収縮している）

(2) 人の足の骨格と筋肉　どうやって動かしているのか？

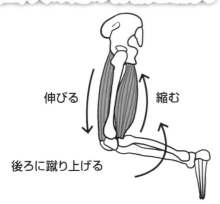

伸びる　縮む
後ろに蹴り上げる

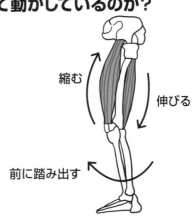

縮む　伸びる
前に踏み出す

ほけんだより いきいき 11月

寒さに負けない体をつくろう

冬が始まります。日に日に寒さが増してきましたね。この時期にはやるのが、かぜやインフルエンザです。体調をしっかり管理して、冷たい北風に負けない元気な体をつくりましょう。

かぜにかかったとき

かぜをひいたときにがまんをすると、体力をむだに使い果たしてしまうだけでなく、抵抗力を弱めてしまいます。

消もうする体力を回復させる余力を残しておかないと、重症となり、回復も遅れます。

早めに休み、しっかり治しましょう

タオル1枚の働き

運動のあと、汗をふくだけでなく、汗をかいたあとや汗をかく前に背中に入れて汗をすいとりやすくしたり、寒いとき、体にまいて保温することができます。

体操着と一緒に1枚用意しておきましょう

インフルエンザの予防

日ごろから予防に心がけ、「かかったかな?」と思ったら早めにお医者さんに行きましょう。

栄養と休養を十分にとる

3食しっかり食べて、夜は早めにねるようにしましょう。

人混みをさける

人が大勢いるところは感染しやすいので、なるべく行かないようにしましょう。

適度な温度と湿度を保つ

部屋は時々換気をして、新鮮な空気を取り入れましょう。

手洗い・うがいをする

外出後、帰宅時には絶対守ってほしい基本です。かぜも予防することができます。

マスクを着用する

予防率が高くなります。同時に他の感染症も防ぐことができます。

11月

11月8日は「いい歯の日」です

知っていますか？歯周病

「歯周病」とは歯を支える歯肉が炎症を起こし、進行すると歯がぐらつき、ついには抜けてしまう恐ろしい病気です。
①歯垢（プラーク）や歯石をほうっておくと、歯周病の影響で歯肉が赤くはれ上がってきます。炎症が歯肉にとどまっている状態が歯肉炎です。
②炎症が進み歯と歯肉に隙間ができると歯周病とよび、歯を支えているあごの骨（歯槽骨）の破壊が始まります。
③さらに歯槽骨の破壊が進むと、歯がぐらつき始め、歯が自然に抜けてしまうこともあります。

歯周病を予防するには

食べたら歯みがきをする習慣をつけましょう。歯みがきのポイントは、歯と歯肉の境目に歯ブラシを当て、毛先が曲がらない程度の軽い力で小刻みに動かすことです。また不規則な食生活、偏食などの生活習慣などを改めることで抵抗力が高まり、歯周病の悪化を防ぐことができます。

「いい歯」でよくかもう！ーよくかんで食べると、どうなるの？ー

だ液がたくさん出て消化がよくなる。

食欲が増して味もよくわかる。

あごが発達して歯並びがよくなる。

脳に血液が多くなり記憶力がよくなる。

12月の健康目標

寒さから身を守ろう

寒い冬でも元気に過ごしましょう。かぜなどひかないように食事や睡眠に気をつけることも大切ですが、寒さから身を守るための服装にも気をつけましょう。

3つの「首」をあたためよう

「首、手首、足首」にある大きな血管をあたためることによって、指先や足元の冷たさがおさまるといわれています。

「首」をあたためる

体温であたためられた空気が、えりから出ていくと、かわりに冷たい空気が入ってきます。せっかくのあたたかい空気が逃げてしまわないように、マフラーなどでふたをしましょう。

「手首」をあたためる

服でかくれているので意外に見落とされがちです。長めの手袋をするといいでしょう。最近はハンドウォーマーなども売られています。

「足首」をあたためる

厚手の靴下、レッグウォーマー、カイロを靴下に貼るなどの工夫ができます。ふくらはぎをあたためるのも効果的です。

◆12月の私の目標◆

◆1ヵ月をふりかえって◆

◆おうちの人からひと言◆

年　名前

小学校低学年におすすめ

12月

ありがとう　すごいね！　どっか行け！　のろま

ふわふわことばとちくちくことば

あることばを言われただけで、うれしい気持ちになったり、かなしい気持ちになったりします。「ことば」ひとつで、友だちを傷つけることも、助けることもできるのです。

言われてうれしいことばを「ふわふわことば」、言われてかなしいことばを「ちくちくことば」としたら、あなたの周りには、どちらのことばが多いでしょう。「ちくちくことば」ばかり言われたら、心の元気がなくなってしまいます。「ふわふわことば」を使って友だちとすごせば、楽しい学校生活を送れます。学校が「ふわふわことば」でいっぱいになるといいですね。

どんなことばがふわふわ？ちくちく？

下の四角の中のことばは、「ふわふわことば」「ちくちくことば」のどちらでしょう？　自分が言われたらどんな気持ちになるかを考えると、わかりやすいですよ。ほかにもどんなことばがあるか、さがしてみましょう。

ふわふわことば

ちくちくことば

だいじょうぶ
うざい
きもい
上手だね

どっちのことばかな？

小学校におすすめ

かぜをひいたときの体のようす

① 空気の中にいる、かぜの菌やウイルスを吸いこむ

こまめに換気をして、菌やウイルスを部屋から追い出そう!

② 手についたかぜの菌やウイルスが、食べ物といっしょに口の中に入る

食べる前にきちんと手を洗うと、かぜを予防できるよ!

③ 菌やウイルスがのどにつく

のどについた菌やウイルスをしっかりとうがいをして洗い流すと、かぜを予防できるよ!

④ 菌やウイルスがのどのおくで仲間をふやす

⑤ かぜをひく

せき・鼻水・くしゃみ
菌やウイルスを体の外へ出す

熱
菌やウイルスを弱らせる

かぜの症状は、菌やウイルスと体がたたかっているあかし。症状があるときは、体をゆっくり休めよう!

⑥ 菌やウイルスとのたたかいに勝つと、かぜが治る

またかぜをひかないように、きちんと予防しよう!

12月

手洗いを上手にしよう

きちんとせっけんを使って洗いましょう。

よごれがとれにくいところに注意しましょう。

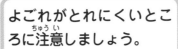
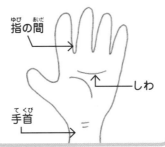

手を洗った後はきれいなハンカチでふきましょう。

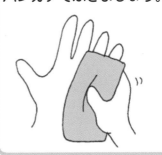

うがいを上手にしよう

しっかりと上を向かないと、のどのおくまで洗えません。

しっかりと上を向いてうがいをしましょう。

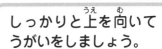

換気を上手にしよう

窓と戸を開けて、ろうかの窓も開けましょう。空気の一方通行ができて、一気に空気が入れかわります。

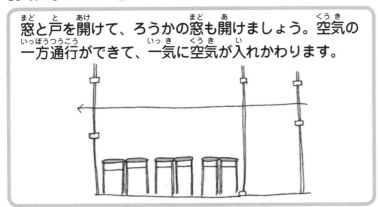

1時間に1回、換気をしましょう。

中学校におすすめ

冬を健康に過ごそう！

　早いもので、今年も残り1ヵ月となりました。つい1ヵ月前までは秋だったのに、季節は一気に冬になりました。
　12月は1年の最後の月です。いろいろな出来事をふり返り、いやなこと、つらいことはきっぱり忘れて、新しい気持ちで1年を迎えましょう。

冬の生活クイズ

❶ 冬にかぜが流行するのはなぜ？
　㋐ かぜのウイルスが低温・乾燥を好むから
　㋑ 冬の季節風が、かぜのウイルスを運ぶから

❷ しもやけは、なぜできる？
　㋐ 血液の流れが悪くなるから
　㋑ 血液の流れが良くなるから

❸ かぜの予防のポイントは？
　㋐ うがい、手洗い、規則正しい生活
　㋑ うがい、手洗い、薄着

❹ 冬至に関係のある食べ物は？
　㋐ 白菜　㋑ かぼちゃ　㋒ ねぎ

❺ 寒さを効果的に防ぐには？
　㋐ 何枚も服を重ねて着る
　㋑ 首や肩、足元を冷やさないようにする

❻ 冬に換気が大切なのは？
　㋐ 冷たい空気でのどを強くするため
　㋑ 汚れた空気を入れかえるため

〈こたえ〉 ❶㋐　❷㋐　❸㋐　❹㋑　❺㋑　❻㋑

12月

自分の良さに気づきましょう

もし「あなたの長所を教えてください」と言われたら、あなたはどのように答えますか。なかなか思いつかなかったり、答えに窮する人もいるかもしれません。「短所だったら、いくらでも答えられるけれど・・・」と自分を否定的に見てしまう人が多いのではないでしょうか。

そこであなたは、そっと目を閉じ、少し優しい気持ちで「自分を見つめてみましょう！」。

すると短所だと思っている（あるいは思われている）ところも、見方を変えれば長所になるのです。

たとえば、みんなから「消極的な人」と言われている人は、「控え目で周りの人を気遣う人」と見ることもできるのです。

また、人はいろんな面を持っています。

見方を変えると心が健康になり、ひいては体も健康になります。

自分（相手）の見方を変えてみよう！

- いい加減　　→　おおらか
- うるさい　　→　活発である・社交的
- 飽きっぽい　→　興味・関心が強い
- のろま　　　→　落ち着いている

など

ノロウイルスに注意！

食中毒といえば、夏のものと思われがちですが、最近、冬にノロウイルスによる食中毒が多発しています。ノロウイルスは感染した人の腸内で増え、1～2日して、下痢やおう吐・腹痛・頭痛・発熱などの症状が現れますが、通常3日以内に回復します。

ノロウイルスが広がるルートとして、感染した人の吐いたものや大便の片付けをした人に直接感染したり、手指などにウイルスが付いている人が手洗い不足で調理をしたりして、うつることもあります。

また、カキなどの二枚貝を生で食べて食中毒を起こす場合もあります。

*ノロウイルス食中毒を予防するには…

- ノロウイルスは85℃以上で1分間以上加熱すると死にます。
- 少しの量でも感染するので、手洗いを十分にしましょう。
《100個以下という少量でも体内に入ると感染し、腸内で増えます。》
- 下痢やおう吐の症状があるときは、給食当番を代わってもらいましょう。

（匿名希望）

ほけんだより
いきいき
12月

12月1日は世界エイズデー

みなさんは、「エイズ」を知っていますか？
12月1日は「世界エイズデー」です。世界エイズデーは、エイズのまん延（広まること）の防止やエイズ患者やHIV感染者に対する差別・偏見をなくすことを目的とした世界の記念日です。

HIV エイズのことちゃんと知ろう！

エイズってなあに？

エイズ（AIDS）とは後天性免疫不全症候群のことです。エイズは、HIVという病原体によって引き起こされます。HIVに感染すると、体を守るための免疫機構がこわされて、体がウイルスとたたかう力（抵抗力）が低下します。すると、健康な人にとって害のない細菌やウイルス、カビなどからも害を受けて、重い肺炎やさまざまな病気にかかってしまいます。

HIVは、こういうことではうつりません！

握手ではうつりません！

一緒におふろに入ってもうつりません！

軽いキスでもうつりません！

大丈夫！
服やタオルなどからうつりません！

以前はエイズをなおす薬がなくて発病を防ぐことは困難でしたが、今ではエイズウイルスの薬が開発されて治りょう法もあります。
完全になおすことはできませんが、病気が進むのをおくらせて普通と変わらない生活が送れるようになりました。

12月

インフルエンザに気をつけよう！

1 外から帰ってきたときは、手洗いとうがいをしよう。

2 寒くても外で元気に遊ぼう。

3 好ききらいをしないで何でも食べよう。

4 人が多く集まるところに出歩くのはさけよう。

5 早ね早起きをし、規則正しい生活をしよう。

6 せきやくしゃみが周囲に飛ぶのを防ぐためにマスクをつけよう。

7 窓を開けて新鮮な空気の入れかえをしよう。

かぜの予防は、ふだんの生活習慣が大切！

1月の健康目標
かぜに気をつけよう

　新しい年がスタートしました。毎年この時期は、かぜやインフルエンザなどで、体調を崩す人が増えます。朝の健康観察と検温をしっかり行い、無理な登校は控えていただくようにお願いします。ご家族でインフルエンザや胃腸かぜなどにかかられましたら、学校にお知らせください。

かぜをひいてしまったら

かぜを長引かせないために、家でゆっくり過ごしましょう。

家の中で安静に過ごし、こまめに水分補給をしましょう。

食欲がない場合は、消化のよいものや、のどごしのよいものを、食べられるだけ食べましょう。

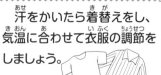

汗をかいたら着替えをし、気温に合わせて衣服の調節をしましょう。

室内の換気と湿度には十分気をつけましょう。

◆1月の私の目標◆

◆1ヵ月をふりかえって◆

◆おうちの人からひと言◆

年　名前

小学校低学年におすすめ

1月

あけましておめでとうございます！

新しい年になりました。冬休みは元気で楽しく遊びましたか？
かぜをひく人が増えています。かぜの予防は、一人ひとりの心がけが大事です。寒さに負けず、元気に過ごしましょう。

「かぜ」ってなに？

熱、頭痛、鼻水、せき、のどの痛みなどを主な症状とする病気で"かぜ症候群"といいます。ふだんはこれをかんたんに「かぜ」と言っています。

カゼの80〜90％はウィルスが原因です

かぜの予防法

☆栄養と休養をじゅうぶんにとる！
➡体力をつけてていこう力を高めよう。

☆人ごみへは出かけないようにする！
➡人ごみにはウイルスがいっぱいです。

☆外から帰ったら手洗い・うがいを忘れずに！
➡うがいでのどのかわきを防ごう。

☆1時間に1回、部屋の空気の入れかえをする！
➡暖房でかんそうした空気は、ウイルスにとってとても気持ちよいです。

☆体や心をゆっくり休める！
➡ストレスは、体のていこう力を弱めてしまいます。

小学校におすすめ

あけましておめでとうございます
今年もよろしくお願いします！

みなさん、冬休みは元気に過ごせましたか？「元気のおまじない」も守れましたか？
今日から、学年最後の3学期が始まりました。
今年1年、みなさんにとって笑顔で元気に過ごせますように！

☀ 今年の目標かるた

- **こ**ころ豊かで　大きな人に
- **と**もだちと　仲良くしよう
- **し**っぱいしても　くじけずに
- **も**りもり食べて　大きくなあれ
- **げ**ーむは時間を決めてやろう
- **う**んどうは元気な体をつくります
- **き**ちんと食べよう　朝ごはん
- **に**こにこ笑顔で　よい1年に

せきやくしゃみが出るときは、マスクをしましょう！

自分だけでなく、周りの人のためにもマスクをしましょう。

鼻の形に合わせる

あごの下まで広げる

耳にしっかりかける

気をつけてね！　ワイヤーがある方が上です。たまに上下をまちがえている人がいます。
また、せっかくマスクをしているのに、鼻が見えている人もいます。

1月

かぜのクイズ Q アンド A

Q クイズ
インフルエンザにかかるのは、人間だけ。これってホント？ ウソ？

① ホント。ほかの動物はかからない
② ウソ。ほかの動物もかかる

A コタエ ②

インフルエンザには、A型、B型、C型の3種類があります。

このうち、B型とC型は、人間だけがかかります。A型は、人間だけでなく、鳥やブタなど、いろいろな動物もかかります。

Q クイズ
かぜをひくと、熱が出るのは、なぜ？

① かぜのウイルスが、体の中で熱くなっているから
② 体がウイルスとたたかっているから

A コタエ ②

かぜのウイルスは、熱さが苦手です。

そこで、ウイルスが体に入ってくると、ウイルスをやっつけるために、体はがんばって熱を出します。

熱が出るのは、体がウイルスとたたかっているからなのです。

☀ かぜ予防 3つのヒケツ ☀

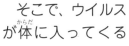

❶ **うがい** のどについたウイルスを洗い流し、のどの乾燥を防いで、ウイルスが侵入しにくくします。

❷ **手洗い** 手にくっついて侵入しようとするウイルスを洗い流して、撃退！ 流行が広まるのを防ぎます。

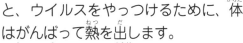

❸ **早ね早起き** ウイルスとたたかう力を強くして、かぜに負けない体を作ります。

この3つを実行して、かぜのウイルスに**負けないようにしましょう。**

中学校におすすめ

かぜやインフルエンザを予防しよう

3学期が始まって2週間がたちました。いいスタートはきれましたか？
3学期は、あっという間に終わってしまいます。最後まで悔いを残さないように、計画的に毎日をはつらつと過ごしてください。

かぜ予防

毎年、3学期のこの時期には、インフルエンザの集団かぜでお休みする人が続出します。学校中が、かぜのウイルスや菌だらけにならないように、予防を心がけましょう。

❶ うがい

・外から帰ったとき・運動のあと・食事の前など、こまめにうがいをしよう。
・1回に口をすすぐ時間は5〜10秒で、水やお茶を含みなおして3回くらいうがいをします。口を長くすすぐよりも、うがいの回数をこまめに増やす方がウイルスは減ります。

❷ 手洗い

・ウイルスは手にも付着し、その手で鼻や口を触ったりするだけでも感染します。
・外から帰ったとき、食事の前など、うがいと一緒に手洗いも忘れずに。
・せっけんを使って1分以上、ていねいに洗うのがポイントです。

❸ 換気

1日中窓を閉めたままだと、教室にはウイルスが増えるだけです。暖房機器から出る一酸化炭素や二酸化炭素が教室の中にたまって頭痛や吐き気、めまいの原因になります。

・二酸化炭素が減り、新鮮な空気と入れ替わる。
・教室の温度が5℃下がるためウイルスが活動しにくくなる。（窓を閉めれば5〜10分後に5℃上がって元に戻る。）

※室内では加湿と換気を忘れずに！

窓を開けて空気を入れかえると…

教室の学習にちょうどいい環境は…
温度：18〜20℃くらい　湿度：50％前後

1月

正月気分を吹き飛ばそう！

＊朝起きられない
＊つい、だらだら何か食べてしまう
＊ストーブやこたつから離れられない
＊夜、遅くまで眠れない

3つの解決方法

❶眠くても、一度早く起きてみる

❷3度の食事以外に物を食べない

❸薄着をして、外で活動する

こたつで寝るとかぜをひくってホント？

「かぜには、冷やさないことが大切」となれば、一晩中温めてくれるこたつがよいように思えます。他にも電気カーペットや電気毛布などを使っている人もいるでしょう。人間は昼間よりも体温が下がっているときの方が眠りが深くなります。しかし、電気の暖房器具は体温よりも高い温度で温めるようにできているので、本人は眠れたつもりでも、実際には熟睡できていないのです。そうすると体は疲れてしまい、かぜをひきやすくなるというわけです。

ほけんだより いきいき 1月

あけましておめでとうございます

冬休みが終わって3学期。そして新しい年が始まりました。休み中に生活リズムが崩れていた人は多いと思います。早く学校のある生活リズムを取り戻しましょう。

「朝ごはんを食べる」で生活リズムをつくる！

①朝ごはんを食べることにより、体温を上げ、脳の働きを活発にします。つまり朝ごはんを食べることで「やる気」「元気」が出てくるのです。

②朝ごはんを食べるためには、朝早く起きる、そのためには、夜更かしはできません。また、朝食を食べることにより腸を刺激し排せつを促します。

③朝ごはんを食べるという生活をすることで、他の行動も改善されていくはずです。生活リズムを立て直しましょう。

おせち料理の意味は？

お正月、みなさんはおせち料理を食べましたか。現在のような形になったのは江戸時代後半で、作り置きするのは年神様をお迎えするお正月に煮炊きすることを控える、ということに由来しているそうです。

「おせち料理」には、無病息災や子孫繁栄などの意味が込められています。一つ一つの料理にどんな意味があるのか、少しご紹介します。

黒豆…………………まめ（健康）に暮らせる
数の子………………子孫繁栄
昆布巻き……………よろこぶ
鯛……………………めでたい
橙（だいだい）……（代々）子孫繁栄
さといも……………子宝（小いもが多くつくことから）
田作り………………豊年満作祈願（江戸時代に肥料としてイワシが使われていたため）
えび…………………えびのように腰が曲がるまで長寿であるように。

1月

かぜ、インフルエンザに気をつけよう！

なぜ流行するのでしょう？

かぜの菌やウイルスに感染している人が、せきやくしゃみをするとウイルスなどが飛び散り、それを吸入することで感染が起こります。

冬に流行するのは、ウイルスが湿度の低い場所を好むこと、気温が低くなると鼻・のど・気管などの血管が収縮して、普段はウイルスの侵入を防いでいる機能が鈍くなるからです。

予防は、どうするのでしょう？

ウイルスが手につき、その手で鼻や口を触ることからも感染します。外から帰ってきたときには「うがい・手洗い」をしましょう。

冬になると学校の蛇口にかけてあるせっけんがあまり減りません。水が冷たくて、手を十分に洗わないからでしょうか。

みなさん、「うがい・手洗い」は必ずしてください。

インフルエンザウイルスは、乾燥している場所が大好きです。冬は湿度が低い上、暖房をすることで教室などの部屋が非常に乾燥しています。

窓を開け「換気」をすることが大事になってきます。

人混みに出るとそれだけウイルスに接触する機会が増えます。なるべく人混みは避けることが大切です。

2月の健康目標 かぜ予防の基本・手洗いとうがい

手洗いの順番

❶せっけんをよくあわ立てます。

❷手のひらを洗います。

❸手の甲を洗います。

❹指の間を洗います。

❺指先を洗います。

❻手首を洗います。

❼つめの間はつめブラシで洗うとよく取れます。後はせいけつなタオルでふきましょう。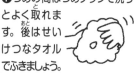

うがいの仕方

いいかげんなうがいの仕方では、かぜの予防になりません。
もう一度うがいの仕方を見直してみましょう。

❶戸外から帰ったら、コップに水を入れ、口にふくみます。

❷頭を後ろにそらし、口を大きくあけ、"ガラガラ"と音をたて、うがいをします。

❸頭を下げて、周りに飛び散らないように口の中の水を出します。

❹3～4回くり返します。

※のどの奥まで水を入れ、飲み込まないようにしましょう。

◆2月の私の目標◆

◆1ヵ月をふりかえって◆

◆おうちの人からひと言◆

年　名前

小学校低学年におすすめ

2月

まだまだ寒い日が続きますが、2月は"こよみ"の上では春です。
葉が落ちてしまって、枯れているように見える木々も、春が近づくと芽を出し、花を咲かせたりしますよ。あたたかい春が早く来るといいですね。

2月3日は節分

みなさんの家では、2月3日に豆まきをしますか？「鬼は外！ 福は内！」って言いますね。その豆まきで使っているのは大豆。大豆には小さいながらも栄養がたっぷり入っているといわれています。

貧血予防の鉄やたんぱく質、腸のはたらきをよくする食物せんい、カルシウム、ビタミンB_1などがふくまれているよ！

ビタミンB1
カルシウム
食物せんい

ぼくをたくさん食べて元気になってね！

小さい体に、たくさんの栄養がつまっているよ！
「畑の肉」といわれているよ！

小学校におすすめ

不健康なオニは〜外！

不健康な習慣を追い出して健康に過ごそう！

- 夜ふかし
- いつも部屋でゴロゴロ
- 歯みがきし忘れ
- 手洗い・うがいしない
- テレビの見すぎゲームのしすぎ
- 朝ごはんぬき

テレビ・ゲームをがまんして、早ね早起きをしましょう。こまめに手洗い・うがい・歯みがきをしましょう。好ききらいせず、1日3食ごはんをきちんと食べて、食べた後には歯をみがきましょう。寒さに負けずに外で元気に遊びましょう。健康的な生活を心がけると、毎日を元気に過ごすことができますよ。

大切なすいみんのはたらき

- 体を成長させる
- 脳と心を育てる
- 体の抵抗力（免疫力）を高める
- 体のつかれをとる

必要なすいみん時間ってどのくらい？
6〜9歳の子 10〜11時間
10〜12歳の子 9〜10時間
13〜15歳の子 8〜9時間

2月

ねる前のストレッチでくつろぐ

足のうらを合わせて、体を前にたおす

片方のうでを頭の後ろにまわして、反対の手で引っぱる

両手を上にのばして背中をのばすように背のびする

右手で左足のつま先を持って、右にたおす（反対もする）

ストレッチをすると、筋肉の中にたまったつかれを取って、新しい血を筋肉に送ることができます。ねる前にストレッチをして、15分ほどゆったりしていると、とてもリラックスできます。

☼ おもしろい眠り方をする動物たち ☼

きりん
座って、頭をこしの上に乗せて眠る

つる
片足立ちで、首を背中にうめて眠る

うま
立ったまま眠る。睡眠時間は2時間と短い

いるか
脳を半分ずつ交互に眠らせる

なまけもの
1日中木にぶらさがっていて、木の上で眠る

> 中学校
> におすすめ

　冬はおなかが痛くなりやすい季節です。寒いときや緊張したときに、おなかの調子が悪くなって困ったことはありませんか？　おなかの不調は、おなかを温めることで改善することが多いようです。シャツを着る・カイロを貼る・温かい飲み物を飲む・ゆっくり入浴するなど工夫することで、普段からおなかを温めて体力アップを図りましょう。

寒さやストレスが原因で、おなかの不調が起きるメカニズム

寒さやストレス
↓
血のめぐりが悪くなる
↓
腸の働きに必要な酸素や栄養分などが届かない
↓
腸の働きが低下する
↓
下痢・便秘・痛みなどの不調が起きる

　11月中旬から「胃腸かぜ」や「ウイルス性胃腸炎（ノロウイルスなど）」が全国的に流行しています。激しい吐き気や下痢を伴う場合は、早めに医師の診察を受けましょう。

ノロウイルス感染症

症　状：おう吐、下痢、腹痛、軽い発熱
予防法：

①手洗いを十分にしましょう。調理する前、食事する前、外から帰ってきた後、トイレの後、おう吐物や便を処理した後、忘れずに洗いましょう。

②おう吐物の片付けをするときには、処理をする人が感染しないためにも、手袋、マスクを着用しましょう。併せて換気もしましょう。

マスクや手洗い・うがいで感染症を予防して、
元気にこの冬を過ごしましょう。

2月

友だちだから・・・
友だち同士の**マナー**を考えよう

　自分の居場所が教室にないと泣きながら訴えるA子、みんなが無視をするというB子、学校へ来るとおなかが痛くなり固まってしまうC男、僕がいじめられていても誰も声をかけてくれないと嘆くD男・・・保健室では毎日誰かが心を痛めています。
　友だちって何なの？

- 挨拶をするよ
- 約束をするよ
- 話をするときはきちんと相手を見るよ
- 悪いと思ったら謝るよ
- 悲しんでいる友だちに声をかけるよ

おはようございます！
さようなら！

友だちって何？　一度、考えてみては？

＊気の合わない子は**無視**していいの？
＊メールの返事が遅れたら**悪口**を言われた。それでも友だち？
＊仲の良かった友だちが最近**冷たい**。どうして？
＊**悪いこと**でも付き合うべきなの？
＊友だちは**たくさんいる方**がいいの？

ほけんだより　いきいき　2月

　立春（2月4日）を過ぎると、暦の上ではもう春です。とはいえ、かぜやインフルエンザの予防にもまだまだ気がぬけません。引き続き、手洗い、うがい、睡眠、栄養などに心を配り、予防に努めるとともに、万一かかってしまったら早く治すようにしましょう。体調管理をしっかり行って元気に過ごしましょう。

言われてうれしい「ふわふわことば」

言われてうれしい言葉『ふわふわことば』を探してみると、たくさんの言葉がありました。『挨拶』『称賛・励まし』『受容』『感謝』の言葉を紹介します。

＜挨拶＞
- おはよう　・こんにちは
- おかえりなさい
- いただきます
- ごちそうさま
- どういたしまして

＜称賛・励まし＞
- ありがとう　・あきらめないで
- いいね　・うまいね
- 応援しているよ　・がんばったね
- 期待しているよ　・金メダルだね
- すばらしい　・まかせたぞ
- やるね～　・どんまい
- やったね　・おつかれさま

＜受容＞
- みんな一緒だよ　・賛成！
- そうだよね　・やさしいね
- 一緒に～～しよう
- よくがんばったね
- 相談にのるよ

＜感謝＞・ありがとう　・サンキュー　・感謝しているよ　・お世話になりました

　　自分が言われてうれしいことばが『ふわふわことば』です。
　　たくさん『ふわふわことば』が言えるといいですね。

食生活を見直そう!

2月

右のグラフでわかるように、みなさんは今ものすごい勢いで成長する「成長期」にいます。この時期は、みんなよく食べてよく飲みます。そのおかげでどんどん体が成長し、発達していくのです。

でも逆にいうと、今のみんなにはそれだけの栄養が必要ともいえます。この時期の栄養の取り方に問題があるといろいろ困った症状が出てきます。

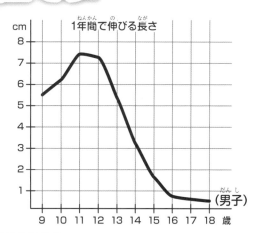

貧血の症状

★なんとなくだるい
★集中力が続かない
★疲れやすい
★氷がやたら食べたい
★顔色が悪い

貧血に気をつけよう!

たんぱく質や鉄分の不足、色の濃い野菜に含まれているビタミンCが足りないと、血液中の赤血球が少なくなってしまいます。

赤血球の数が少なくなるってことは、体全体が酸素不足になってしまうということで、これが「貧血」。

貧血は知らず知らずのうちに起こり、ひどくなっても気がつかないことが多いので要注意です。

あかんべーをしてみると………

目の下の部分が白っぽくなっている人はいるかな?
これは体のすみずみまで酸素を送りとどけてくれる赤血球の減少で起こる、貧血の症状の一つです。

3月の健康目標

1年間の健康チェック

1年間の健康チェックをしてみましょう。それぞれ10点満点にすると、どのくらいの点数がつきますか？
□の中に点数を書きましょう

生活習慣（せいかつしゅうかん）

早ね早起きができた

3食しっかり食べた

外で元気によく遊んだ

清潔（せいけつ）

朝晩忘れずに歯みがきした

手洗い・うがいをしっかりした

ハンカチ・ティッシュをいつも身につけていた

心の健康（こころのけんこう）

元気にあいさつした
おはようございます！

友だちと仲よくした

ストレスをためなかった

◆3月の私の目標◆

◆1年間をふりかえって◆

◆おうちの人からひと言◆

年　名前

小学校低学年におすすめ

3月

1年間(ねんかん)のはんせいをしよう

あなたは、この1年間、けんこうな生活ができましたか？
つぎの9つの質問に、ハイ・イイエで答えましょう。ハイが多いといいですね。

食事のあと、歯をみがいていましたか？

好ききらいせずになんでも食べていましたか？

規則正しい生活をしていましたか？

早ね、早起きしてましたか？

外で元気に遊びましたか？

歯などの悪いところは治しましたか？

つめはきちんと切っていましたか？

みんなと仲良くできましたか？

家の人のお手伝いをしていましたか？

3月に入り、少しずつ春の気配が感じられるようになってきました。
さて、今月は学年最後の月です。
「終わりよければすべてよし」という言葉のとおり、1年をしめくくる大事な時期です。
最後まで気を引きしめて、頑張りましょう。

応急手当わかるかな？

日ごろよく見る次の光景、あなたならどうしますか？AかBで答えましょう。

❶指を切っちゃった！血を止めやすくするには？

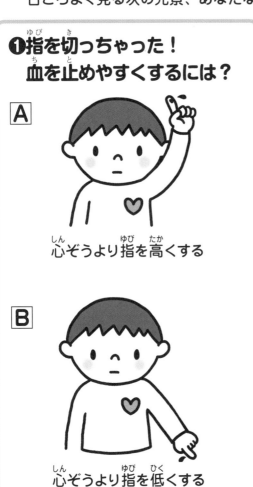

A 心ぞうより指を高くする

B 心ぞうより指を低くする

❷鼻血が出ちゃった！どんなう姿勢がいいの？

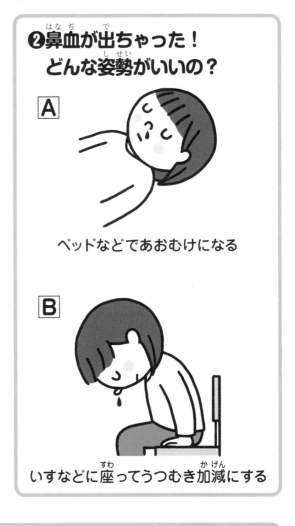

A ベッドなどであおむけになる

B いすなどに座ってうつむき加減にする

クイズのこたえ　1…A　2…B　3…B　4…B

3月

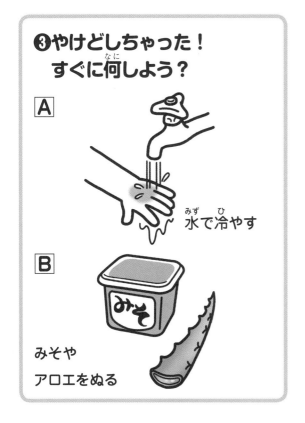

❸やけどしちゃった！
すぐに何しよう？

A 水で冷やす

B みそや
アロエをぬる

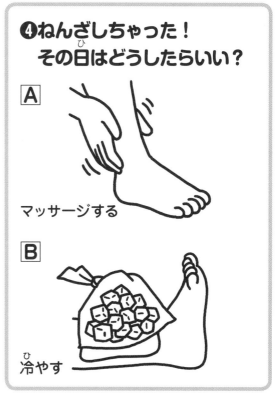

❹ねんざしちゃった！
その日はどうしたらいい？

A マッサージする

B 冷やす

☀ ダメ！いじめ！〜いじめをなくすために〜 ☀

みなさんはいじめについてどのように考えていますか？　いじめは、立場の強い者が弱い者に対して、心や体に苦痛を与えることです。たとえ、いじめているつもりがなくても、相手が苦痛に感じていれば、それはいじめです。

たまに「いじめられる側にも原因がある」という言葉を聞きますが、それは大きなまちがいです。この地球上では、人が人を傷つけてよい権利などありません。いじめは犯罪です。

いじめを見て見ぬふりをしている人も、加害者になります。いじめを見逃してはいけません。「だめなものはだめ！」とはっきり言える勇気をもちましょう。

また、いじめられたときには、友人・先生・大人に助けを求める勇気をもちましょう。そして何より、みんな平等という考えをもち、いじめのない社会をつくりましょう。

中学校におすすめ

やっとウグイスも鳴き始めました。もう春ですねぇ。

今年は寒さのせいか、いつもは2月に聞くウグイスの初音が聞けないなぁと思っていたのですが、朝、犬の散歩をしているとき「ホーホケキョ」と鳴く声が聞こえてきました。なんだかうれしくて「やったぁ！」と、思わず心の中で叫んでしまいました。

3月も半ば、今年度ももうすぐ終わりです。『健康』についても1年間をふり返り、気づいたことを来年度に生かしていきましょう。

1年間の健康生活を反省しよう

□の中に、○、△、×をつけてみましょう。

○△×のつけかた
- ○………できたこと
- △………だいたいできたこと
- ×………できなかったこと

健康はすべての活動の基礎です。

早寝・早起きはできましたか？

朝晩の歯みがきはきちんとできましたか？

毎日朝ごはんを食べて学校へ行きましたか？

手足の爪はいつも短くきれいでしたか？

好き嫌いを言わず、なんでも食べましたか？

大きなけがや病気はしませんでしたか？

正しい姿勢で過ごせましたか？

外で元気に運動できましたか？

外から帰ったらうがい・手洗いできましたか？

友だちと仲よく過ごせましたか？

3月

3月3日は「耳の日」です。皆さんは普段から耳を大切にするよう気をつけていますか。調子が悪くなってから後悔するのではなく、日頃から耳を大切にしましょう。

音の伝わり方は "伝言ゲーム"

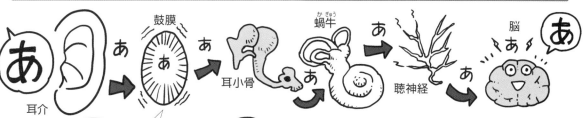

耳介 → 鼓膜 → 耳小骨 → 蝸牛 → 聴神経 → 脳

これらの、どの部分に異常があっても、聞こえ方に障害が現れます。
声や音の聞こえ方に何かおかしいところを感じたら、勝手に判断しないで、必ず早めに耳鼻科へ行きましょう。

耳の役割は… "音を聞く" "平衡感覚コントロール"

●かかととつま先を一直線上に並べて立つ…大きくふらつかないか、チェック！

●両手を水平に上げ、100回足踏みする…元の場所から1m以上動いていないか、体の向きが90度（左右各45度）以上回転していないか、チェック！

●紙に縦書きで、自分の名前を大きく書く…文字の大きさがばらばらになっていないか、左右に大きく片寄っていないか、チェック！

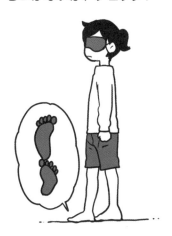

目隠しして、平衡感覚のテストをしてみましょう。

ほけんだより いきいき 3月

体調に気をつけてね

　梅の花が咲いたり、木の芽がふくらんできたり…静かに春が訪れていますが、まだ少し風がつめたく、体の調子をくずしている人がいます。かぜによる学級閉鎖も行われています。体調が悪くなればなるほど、なおるのに時間がかかります。
　体のサインを見逃さないようにしましょう。サインは、「体を休ませて!」という合図ですよ。

体のサイン

鼻がつまる
頭が痛い
体がだるい
のどが痛い
皮ふがカサカサ

体を冷やさない／じゅうぶん睡眠／たっぷり栄養／うがい手洗い／衣服のちょうせつ／汗のしまつ

〜スクラム組んでかぜ予防〜

3月

3月3日は耳の日です

耳には、「音を聞く」「音の方向を知る」こと以外に「体のバランスをとる」という大切な役割があります。真っすぐ走ったり、片足で立てたりするのも、耳の働きのおかげです。

難聴とは、音が聞こえにくくなる状態のことです。みなさんに多いのは「ヘッドホン難聴」です。これはヘッドホンで長時間、音量を上げて音楽を聴いていると起こります。気をつけましょう。

ヘッドホン難聴

花粉症の対策は…

「花粉を吸い込まない」「花粉を家の中に入れない」―これが花粉症対策の基本です。また、抵抗力を高めるために、疲れをためない、ストレスを解消する、栄養バランスのよい食事をするなど、体調を整えることも大切です。

☆外出するときは… 	・マスクやぼうし、プロテクター付きのめがねやゴーグルなどをする。 ・花粉のつきにくい、つるつるした素材の服を着る。
☆外出後は… 	・玄関先で、服や髪、持ち物などについた花粉を払う。 ・手や顔をよく洗い、うがいをする。
☆家にいるときは… 	・室内の掃除をこまめにする。 ・換気は花粉の少ない夜間か早朝にする。 ・空気清浄機で空気をきれいにする。

特典資料 **健康診断アイデア資料集**

内科検診

▶ **内科検診ってなにを調べるの？**

総合的な検診です。身長・体重の測定、脊柱側わん症や皮ふの検査、聴診器での心臓や肺の検診、尿検査、結核検診等の結果を総合して校医の先生に診てもらいます。診断の結果で心配なところや困っていることなども相談できます。

●**身長・体重測定、成長曲線**
体の成長具合を調べます。身長と体重のバランスから栄養状態（やせ・肥満）などを判定します。

●**心臓検診**
聴診器で心臓や肺の音を聞き、不整脈やぜんそくなどがないかを調べます。

●**のどや目、耳鼻科の検診**
のどの奥を見て扁桃腺の腫れ、目やまぶたを見て結膜炎や霰粒腫、麦粒腫など、また、耳の病気（中耳炎、難聴、突発性難聴、耳垢栓塞など）がないかを調べます。

●**皮ふの検査**
「アトピー性皮ふ炎」は体質によって起こる湿疹です。アレルギー的な側面と、皮ふのバリアー機能の低下という側面があります。

●**脊柱側わん症**
背骨が左右どちらかに曲がっていないかを調べます。

●**血液検査**
血液中の赤血球やヘモグロビンの量を調べて、貧血や多血症になっていないか調べます。また、血液に含まれる白血球や血小板、コレステロールの量などを調べることで、全身の状態もわかります。

運動器検診

2016年度からはじまりました！保護者の方に一緒にチェックしてもらおう！

▶ **運動器検診ってなにを調べるの？**

運動器（手足の骨・関節・筋肉など）の異常・障害などを早期に発見し予防するために先生に診てもらいます。

①
- □ しっかり肘が曲げられる。
- □ しっかり肘が伸びる。

②
- □ 足の裏を床につけてしゃがめる。

③
- □ 両腕が耳につく。

④
- □ 前に曲げたときに痛くない。
- □ 後ろに曲げたときに痛くない。

⑤
- □ 片足立ちで5秒間、ふらつかずに立てる。

おうちの人に見てもらいましょう。

注意！

●運動不足に気をつけよう！
体力が低下している可能性があります。

●同じ運動のし過ぎに気をつけよう！
スポーツ障害になる可能性があります。

歯科検診

▶ 歯科検診ってなにを調べるの？

むし歯があるかどうかはもちろん、歯や歯ぐきの状態（歯垢・歯石）、歯並び・かみ合わせ・顎関節などを調べます。

> **検診のときは…**
> みがき残しがないように、しっかり歯みがきをしておこう

「C」むし歯
歯に穴があいた状態です。これ以上悪くならないように治療が必要です。

「G」歯肉炎
「GO」歯肉炎になりそう

「CO」要観察歯
歯の表面に白濁や褐色の斑点が見られたり、歯のみぞに色が付いている状態は、むし歯の初期症状です。

歯肉炎は歯垢が原因で、歯ぐきが赤く腫れ、ぶよぶよしていたり、押すと血が出る症状の病気です。このまま放っておくと歯周病となり、最悪の場合歯が抜け落ちてしまうことがあります。

歯垢・歯石
歯の表面に磨き残しから細菌が繁殖して「歯垢」がたまり、それが固まって「歯石」となり、むし歯や歯肉炎のもとになります。

「O」治療済みの歯
一度むし歯になった歯ですがきちんと治療が終わった歯のことです。

むし歯は自然治癒しません！
なるべく早く歯医者さんに治療してもらいましょう。

乳歯のむし歯、要注意乳歯も治療しましょう！
乳歯にむし歯や初期のむし歯の症状がある状態です。いずれ永久歯に生えかわるからと放っておくと、永久歯がむし歯になって生えてきたり、歯並びが悪くなってしまうことがあります。

本当に怖い、歯周病！
「歯肉炎」という言葉を聞いたことがありますか？ 歯ぐきが腫れて血が出やすい状態の病気です。腫れるだけではなく、放っておくと歯が抜けてしまうこともある病気です。子どものうちは「歯肉炎」と呼ばれる症状が「歯周病」になってしまいます。

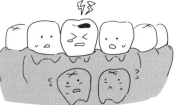

血がでる　口臭　歯がぬける

健康診断アイデア資料集

視力検査

▶ 視力検査ってどういうもの？

勉強に差支えない視力かどうかを調べます。

視力検査の結果	
1.0以上	A
1.0未満0.7以上	B
0.7未満0.3以上	C
0.3未満	D

検査のときは…
・前髪が目にかからないようにしよう
・めがねは外しておこう（裸眼視力検査）
・コンタクトレンズを着用した場合は、そのことを先生に伝えよう

最近こんなことありませんか？

・よく目を細めている、目つきが悪くなった
・片目で見たり、首をかしげて見たりする
・ボールによくぶつかったり捕れなかったりする
・黒板の文字が見えにくい
・目が痛んだり、目の疲れを感じる

 視力が低下している可能性があります！

こんな生活をしていませんか？

・テレビやパソコンなどの画面に近づいて見ている
・30分以上続けてテレビ、ゲームをしている
・字を書くときなどの姿勢が悪く、机と目との距離が近い

 目のために、生活改善が必要です！

●色覚検査ってなあに？

保健調査の色覚の項目になりました。色を間違えたり、わかりにくかったりしたことがある人は、先生に診てもらいましょう。赤緑の識別が難しく、男子に多い目の病気です。

●近見視力検査ってなあに？

パソコン、スマホなどの普及により、近くを見る機会が多くなりました。その影響もあって遠くは見えるのに近くが見えにくいという人が増えています。黒板の文字は見えても、手元のノートや教科書などが見えにくいと感じたら、近見視力を検査してもらいましょう。

尿検査

▶ 尿検査ってどういうもの？

健康なら含まれるはずのないものが尿に混じっていないかをチェックし、腎臓病をはじめ、いろいろな病気を早期に発見するために行います。

「たんぱく」「糖」「血液」が混じっていないかを調べる

たんぱく　「たんぱく」が混じっていた場合、腎臓の病気の可能性があります。

糖　「糖」が混じっていた場合、糖尿などの疑いがあります。

血液　「血液」が混じっていた場合、腎臓や尿管、ぼうこうなどでの出血の可能性があります。

> **検査の前や当日は…**
> ビタミンCや糖分が含まれる飲み物を尿検査の前の日に飲むと正しい検査結果が出ません。また、朝一番の尿でなくては正しい検査はできません。
> 検査の日と生理が重なってしまった場合は保健室の先生に相談しましょう。

POINT
- 前日の夜は、寝る前にトイレに行き、全部出しておく
- 当日は、起きたらすぐにトイレに行く（朝ごはんを食べる前に）
- 朝一番の尿の、出始めの尿をさけて、「中間尿」をとる

●尿ができるまで

腎臓にあるたくさんの毛細血管のかたまり（糸球体）を通った血液から、不必要なものが取り出されます。これが尿の元となる「原尿」です。そして、原尿に含まれてしまっていた体に必要な成分（たんぱく質や糖、ミネラルや水分）が再度体に吸収され、さらに老廃物が加えられたものが尿として排出されます。

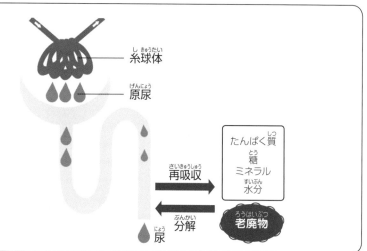

健康診断アイデア資料集

X線検査

▶ X線検査ってどういうもの？

肺や心臓、大動脈など、胸にある臓器に異常がないかを調べる検査です。肺がん・肺炎や肺結核などの病気を早期に発見することができます。

心電図検査

▶ 心電図検査ってどういうもの？

心臓の動きを電気的な波形にして、心臓の状態を把握する検査です。不整脈や先天性の心臓病などの早期発見が目的です。万一再検査になったからといって、必ず心臓病だとは限りません。何か気になることがあったら先生に相談しましょう。

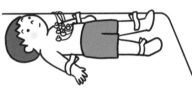

検査のときは…
- X線撮影のときの服装は「半そでの体育シャツ」です。下には何も付けないでください。
- 髪が長い人は、まとめられるようにヘアゴムを用意してください。

聴力検査

▶ 聴力検査ってどういうもの？

日常会話に近い低音（1000Hz）と、高音（4000Hz）の聴こえ方で難聴の有無や程度を調べます。

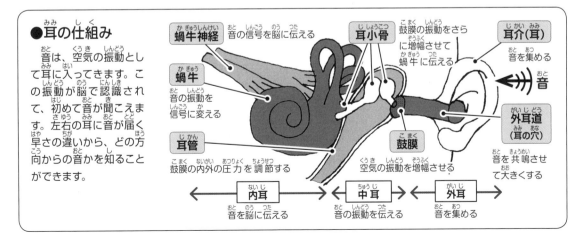

● 耳の仕組み

音は、空気の振動として耳に入ってきます。この振動が脳で認識されて、初めて音が聞こえます。左右の耳に音が届く早さの違いから、どの方向からの音かを知ることができます。

107

健学社の書籍・保健教材

実際にあった学校でのヒヤリハット事例から学ぶ
八木利津子 著
B5判/156ページ
定価(本体1,500円+税)
ISBN978-4-7797-0566-3

実際に学校で起こった「けが」「体調不良」「アレルギー」「救急対応」など、35事例を取り上げ、そのときの対応の流れやヒヤリハットした点、改善すべき点などを詳解しています。

リスクマネジメント教育の実践
八木利津子 著
B5判/96ページ
定価(本体2,000円+税)
ISBN978-4-7797-0447-5

「身近な心身の健康問題について、子どもたちが自らの力で適切に判断し対応できる能力と態度を育てたい。」「ワークシート」形式で子どもが楽しく学ぶことができます。

パワポで10分！簡単教材を活用した保健指導 心の健康教育 小学校用
田原俊司 著
A4判/88ページ
定価(本体2,800円+税)
ISBN978-4-7797-0431-4

「自分の気持ち」「相手の気持ち」「ルールやマナー」「自分の健康」の4つの項目で、それぞれいろいろな場面(うそをついてしまう、など)での心の健康について考えるパワーポイント教材です。

パワポで10分！簡単教材を活用した保健指導 心の健康教育 中高用
田原俊司 著
A4判/94ページ
定価(本体2,800円+税)
ISBN978-4-7797-0537-3

「心の状態」「相手との関わり方」「ルールやマナー」「自分と向き合う」の4つの項目で、それぞれいろいろな場面(ゲーム依存症など)での心の健康について考えるパワーポイント教材です。

子どもの気になる症状と問題行動 —背景とその対応法—
田原俊司 著
A5判/212ページ
定価(本体1,500円+税)
ISBN978-4-7797-0380-5

養護教諭は、子どもたちの心身の諸問題に対して「理論と実践の往還」を図ることができる力が求められます。本書は50の事例を材料に、教師や保護者、関係機関と連携しながら解決へと導く方法を考えてみます。

思春期の性の悩みQ&A
北村邦夫 著
B5判/138ページ
定価(本体1,500円+税)
ISBN978-4-7797-0215-0

永遠のテーマである「性の悩み」に答えはあるのか?とよく聞かれますが、そのような子どもたちの性の悩みにすぐに答えられる1冊です。

カウンセリングで子どもが変わる！心の健康相談室
田原俊司 著
A5判/172ページ
定価(本体1,500円+税)
ISBN978-4-7797-0211-2

いま子どもたちが抱えている心の問題を解決するための手掛かりや知識、方法がぎっしり詰まっています。心のケアに関する危機管理の一助に保健室に常備しましょう。

子どもの心がよくわかる
富田富士也 著
A5判/180ページ
定価(本体1,500円+税)
ISBN978-4-7797-0174-0

子どもの心がわかるとは、子どもの心のSOSについて「声なき声を聴く」機会を深めること…。

理論と実践で迫る 健康教育の教材作りと授業展開
大川直子・井澤昌子 著
B5判/160ページ
定価(本体1,600円+税)
ISBN978-4-7797-0273-0

多様化・深刻化している健康課題の解決には、どのような教育が望ましいか、子どもたちを健康に導く「授業」と「教材」を実践の裏づけをもって習得できる養護教諭必携の書。

保健学習と保健指導をつなぐ すこやかテーマ学習 (小学校保健領域)
南柱子 著
B5判/140ページ
定価(本体1,500円+税)
ISBN978-4-7797-0230-3

心身の健康教育は「生きる力」を育む根源的な役割を果たします。各学年ごとに設定したテーマを、1年間あらゆる機会をとらえて習得するトータルプランを平易に解説しました。

からだと心の個別指導用カード なに？なぜ？なあに？
学校保健研究サークル「さくら草」著
B5判/84ページ
定価(本体1,200円+税)
ISBN978-4-7797-0164-1

保健室でよく見られる子どもたちのからだと心の健康問題の解決を便利なカード式にまとめました。カードは学校と家庭のパイプ役の機能を兼ね備えています。

保健室の掲示板
加藤雅恵・田中久美子 著
B5判/128ページ
定価(本体1,500円+税)
ISBN978-4-7797-0163-4

1年間の保健指導計画に沿った掲示板を、カラー写真で示しました。個々の掲示物はその図、作り方や作る上での工夫、子どもたちの反応、改良点なども簡潔に説明しました。

すぐに使える健康教育教材 からだノート (小学生用) CD-ROM付
田中久美子 著
B5判/88ページ
定価(本体1,600円+税)
ISBN978-4-7797-0274-7

「身近な心身の健康問題について、子どもたちが自らの力で適切に判断し対応できる能力と態度を育てたい。」「ワークシート」形式で子どもが楽しく学ぶことができます。

まんがで5分間指導 だめだめ！マサルくん
学校保健教育研究会 編
タカクボジュン 画
B5判/92ページ
定価(本体1,000円+税)
ISBN978-4-7797-0228-0

心身の健康の保持増進に関する実践的な態度・望ましい生活習慣を身につけさせることを「まんが」でまとめました。保健室文庫にも好評。

歯と口の実験観察 歯のびっくりサイエンス
中垣晴男 著
A4判/56ページ
定価(本体1,000円+税)
ISBN978-4-906310-50-0

実験を通して歯に関する疑問にこたえ、科学的に歯の健康への理解を高めます。歯科指導・保健学習のヒントに。

歯の実験観察ノート
中垣晴男 著
A4判/56ページ
定価(本体1,000円+税)
ISBN978-4-7797-0035-4

歯・口腔を材料に多角的に実験・観察しますその結果から歯・口腔の健康を守る大切さを学ぶことができます。

健学社HP

ホームページで内容の詳解をしています。電子版マークは電子ブックの購入ができます！

※価格はすべて本体（税抜）

養護教諭が作った！切って張るだけですぐ使える！
保健指導用 パネルシアター

ダメ！絶対！薬物乱用防止
定価（本体3,800円＋税）
ISBN978-4-7797-0287-7

『フワフワことば』と『チクチクことば』
定価（本体2,800円＋税）
ISBN978-4-7797-0286-0

かぜにまけないからだづくり
定価（本体2,800円＋税）
ISBN978-4-7797-0285-3
・かぜ予防の基本を押さえた内容。かぜ・新型インフルエンザの流行時などの対応。
・保健学習（5・6年生）の導入にも使用できる。

子ども体重チェッカー
スケール考案：大谷八峯
監修：村田光範
定価（本体300円＋税）
※大量ご注文にも対応しております。

健康診断での「成長曲線」の記入指導にお役立てください！
内容：体重チェッカー工作用紙、成長曲線記入用紙

※体重チェッカーははさみを使わず、のり（テープ）のみで作成できます。

ポイント
●正確な、年齢別、男女別の標準体重を用いた肥満度測定が可能！
●2016年度から健康診断に加えられた「成長曲線」の記入指導に役立つ！
●小学4年生、「体の発育・発達」の副教材に！

新版 それいけ！子どものスポーツ栄養学
矢口友理 著
CD-ROM付き
／160ページ
本体2,200円＋税
978-4-7797-0472-7
スポーツをする子どものために、その大きな目標のための正しい食生活のあり方を、やさしく説いていきます。部活指導にも好評

行動科学に基づいた食育紙芝居
にがてなたべものにチャレンジ!!
安品景奈／作　赤松利恵／監修
24画面　260mm×380mm
定価（本体2,800円＋税）
先生のアイデア次第！
紙芝居の順番を入れ替えることで、起承転結の異なる話が何通りも作れる画期的な紙芝居です。

親子で学ぶ禁煙読本
たばこをやめたい王さま
高橋裕子 著
B5判／36ページ
定価（本体1,200円＋税）
ISBN978-4-7797-0047-7
電子版
だれからも好かれる優しい王さま。でも、たばこをやめることができません。王さまは、たばこをやめることができるのでしょうか？

キミに伝えたい…
あみぐるみ天使の詩
大星光史 監修
A5変形／64ページ、上製本
定価（本体1,500円＋税）
ISBN978-4-7797-0082-8

人気のページがポストカードになりました！（4種類 各400円＋税）

あみぐるみの愛らしさ、詩のやさしさからあなたの心を癒やします。保健室文庫に最適な1冊。元気を出してほしいお友だちへのプレゼントにも。

ふなばし発！手作り食育グッズ
ハートに伝える食育教材
～作り方から伝え方まで～
板良敷信子、大久保仁美 著
上田玲子 監修
／176ページ
本体1,800円＋税
978-4-7797-0260-7
もりのある手作り教材の作り方から、その方、そして子どもの心を捉える伝え方を、詳しく伝授します。

おもしろ食育教材
大阪市栄養教職員研究会 編
なにわ発！なるほどなっとく楽しい実践！
B5判／112ページ
定価（本体1,800円＋税）
ISBN978-4-7797-0118-4
日本図書館協会選定図書
型紙などダウンロード可能
現場の栄養教諭、学校栄養職員の先生方が、腕によりをかけて作った食育教材の作り方・使い方が盛りだくさんあります。

林先生に聞く
学校給食のための食物アレルギー対応
林典子 著
A5判判／208ページ
定価（本体1,600円＋税）
ISBN978-4-7797-0455-0
対話形式で学校給食における食物アレルギー対応の注意点や保護者への関わり方の基本がよくわかる1冊です。

食育うんちく事典
大塚滋 著
「さかな」と「うお」の違いはなに？
四六判／184ページ
定価（本体1,400円＋税）
ISBN978-4-7797-0117-7
日本図書館協会選定図書
電子版
古代から現代にわたる食と健康についての文化的、科学的な知恵の"うんちく"を集めました。お便りに、先生の株が上がる1冊です。

---キリトリ---

注文書籍名　（FAX 03-3262-2615　健学社）

ふりがな：
名前：　　　　　　　　　　　　　　　　　　　冊
勤務先：　　　　　　　　　　　　　　　　　　冊
届け先　〒　　－　　　　（自宅・勤務先）　　冊

通信欄

ＦAX　－　　－
入日　　年　　月　　日　お支払い：自費・公費

籍は、冊数にかかわらず発送1回につき400円の送料がかかります。
費税が別途加算されます。

www.kengaku.com

株式会社 健学社　〒102-0071 東京都千代田区富士見1-5-8 大新京ビル　TEL 03-3222-0557 FAX 03-3262-2615

※本書は「心とからだの健康」(2014年4月号〜2015年3月号)、「心のオアシス」(2013年4月号〜2014年3月号)(健学社)に掲載された内容をもとに、資料データなどを見直し、加筆・修正して再構成したものです。

簡単　保健イラスト資料集

平成28年10月1日　初版発行
平成29年8月1日　第2刷発行
令和4年7月1日　第3刷発行

監　修　学校保健教育研究会
イラスト　石崎伸子／市毛有美／大西　瞳／大橋慶子／
　　　　　公文祐子／すどうまさゆき／にしかたひろこ／
　　　　　日南田淳子／松風ナイト

発行者　細井裕美
発行所　株式会社 健学社
〒102-0071　東京都千代田区富士見 1-5-8　大新京ビル
TEL：03（3222）0557（代表）
FAX：03（3262）2615
URL：http://www.kengaku.com

印刷・製本／シナノ印刷株式会社
表紙デザイン／株式会社アイダックデザイン
本文デザイン／株式会社ニホンバレ
CD-ROM製作補助／齊藤千香子

©KENGAKUSYA　2016　Printed in Japan
落丁本・乱丁本は送料小社負担にてお取り替えいたします。

＊iPhone（アイフォン）、iPad（アイパッド）、GALAPAGOSで弊社の電子版を見ることができます。また、インターネットで「健学社」を検索すると、定期刊行物、新刊の立ち読みができます。

ISBN 978-4-7797-0414-7